Allgemeinbildung

# Stadt, Land, Fluss

# DUDEN

Allgemeinbildung
# Stadt, Land, Fluss

Was jeder wissen muss

**Dudenverlag**
Mannheim · Zürich

**Bibliografische Information der Deutschen Nationalbibliothek**
Die Deutsche Nationalbibliothek verzeichnet diese Publikation in der Deutschen
Nationalbibliografie; detaillierte bibliografische Daten sind im Internet über
http://dnb.d-nb.de abrufbar.

Es wurde größte Sorgfalt darauf verwendet, dass die in diesem Werk gemachten
Angaben korrekt sind und dem derzeitigen Wissensstand entsprechen. Für im Werk
auftretende Fehler können Autor, Redaktion und Verlag aber keine Verantwortung
und daraus folgende oder sonstige Haftung übernehmen.

Namen und Kennzeichen, die als Marken bekannt sind und entsprechenden Schutz
genießen, sind durch das Zeichen ® geschützt. Aus dem Fehlen des Zeichens darf in
Einzelfällen nicht geschlossen werden, dass ein Name frei ist.

Das Wort Duden ist für den Verlag Bibliographisches Institut GmbH als Marke geschützt.

© Duden 2012, Nachdruck 2013
Sonderausgabe 2013 für die WKV-Direktvertriebsservice GmbH
Bibliographisches Institut GmbH
Dudenstraße 6, 68167 Mannheim      E D C B

ISBN 978-3-411-75401-4

Auch als E-Book erhältlich unter:
ISBN 978-3-411-90339-9

**Autor** Dr. Jürgen C. Hess
**Redaktion** Ulrike Emrich
**Lektorat** Heinrich Kordecki
**Herstellung** Judith Diemer
**Layout** Horst Bachmann, Weinheim
**Umschlaggestaltung** Hemm-communication.design, Filderstadt
**Umschlagabbildungen** istockphoto: Erde
**Satz** Josefine Urban, SatzKonzept, Düsseldorf
**Druck und Bindung** GGP Media GmbH,
Karl-Marx-Straße 24, 07381 Pößneck

www.duden.de

# Vorwort

Als Kind oder Jugendlicher hat sich wohl jeder hin und wieder die Zeit mit »Stadt, Land, Fluss« vertrieben, jenem Spiel, bei dem nach Städten, Flüssen, Ländern und anderen Begriffsgruppen wie Tieren, Pflanzen, Vornamen oder Berufen gefragt ist, die alle mit einem bestimmten Buchstaben beginnen.
In Anlehnung an dieses Spiel trägt dieses Büchlein den Titel Stadt, Land, Fluss, aber das ist auch schon fast das Einzige, was beide gemeinsam haben. Denn hier sollen auch komplexe Fragen zu Städten, Ländern und Flüssen, aber auch zu Inseln und Meeren, zu Bergen und Gebirgen beantwortet werden, womit das geografische Wissen getestet, unter Beweis gestellt oder aufgefrischt werden kann. Anders als beim klassischen Spiel braucht es zur Beantwortung mehr als nur die Kenntnis des Namens, der mit einem vorgegebenen Buchstaben beginnt.

Die Art der Fragestellungen ist vielfältig. Neben den Multiple-Choice-Fragen, bei denen manchmal auch mehr als eine Antwort richtig sein kann, gibt es einfache und direkte Fragen, zum Beispiel »Wie heißt?« oder »Wo liegt?«, und Fragen der Zuordnung, bei denen zusammengehörige Paare zu finden sind, oder Fragen, bei denen das Kuckucksei im Nest einer Reihe von Begriffen zu erkennen ist, und andere mehr. Weiterhin sollen Länder oder Inseln anhand ihrer Umrisse identifiziert und Flaggen den jeweiligen Staaten zugeordnet werden.
Damit es aber nicht allzu kunterbunt durcheinandergeht, gibt es drei Fragenkomplexe. Rund 70 Fragen beschäftigen sich jeweils mit Deutschland, mit Europa und mit dem Rest der Welt. Zur besseren Orientierung hat jedes Kapitel eine Leitfarbe: Deutschland **grün**, Europa **rot** und die Welt **blau**. Diese Leitfarben finden sich auch im Lösungsteil.
Bei etlichen Fragen, aus welchem der drei Kapitel auch immer, werden Sie die Antwort vermutlich aus dem Ärmel schütteln können, zur Beantwortung der anderen Fragen werden Sie

jedoch die seit den Schulzeiten in den Tiefen des Gedächtnisses verschütteten Geografiekenntnisse wieder ausgraben müssen. Und falls Ihnen wider Erwarten die Lösung einer Frage partout nicht einfallen will, blättern Sie einfach nach hinten und lesen Sie die Antwort im Lösungsteil nach. Vielleicht erfahren Sie dabei auch noch manches Neue, Unbekannte, Merkwürdige und Verblüffende.

Wir wünschen viel Vergnügen!

Die Dudenradaktion                                  Frühjahr 2012

# Inhalt

# **1** Deutschland

In der Mitte Europas gelegen, ist Deutschland seit 1990 das sechstgrößte europäische Land. Es erstreckt sich über 876 km in Nord-Süd-Richtung und 640 km in Ost-West-Richtung und hat dabei zwischen Ost- und Nordsee mit dem einzigartigen Wattenmeer und den Alpen im äußersten Süden mit seenreichen Ebenen, hügeligen Flachländern und waldreichen Mittelgebirgen eine Vielfalt von naturräumlichen Kleinodien zu bieten. Mit Donau, Rhein und Elbe hat Deutschland Anteil an drei der sieben längsten Flüsse Europas, womit wir bereits bei der ersten Frage wären.

 Im Gegensatz zu Donau, Rhein, Elbe oder Oder ist die Weser ein Fluss, den Deutschland mit keinem anderen Land teilen muss. Sie fließt ausschließlich durch Deutschland und hat ihre Mündung in Deutschland.
Wo aber, in welchem zentraleuropäischen Mittelgebirge, entspringt die Weser?

  *im Thüringer Wald*    *in der Rhön*
  *im Hohen Venn*     *in keinem davon*

 Vor 65 Millionen Jahren ging auf der mexikanischen Halbinsel Yucatán ein Meteorit nieder, der einen Krater von 300 km Durchmesser hinterließ und vielleicht zum Aussterben der Saurier führte. Auch in Deutschland gibt es eine Landschaft, die durch den Einschlag eines Meteoriten entstanden ist. Wie heißt sie?

  *Magdeburger Börde*
  *Flensburger Förde*
  *Nördlinger Ries*

**3** Selbst bei Ländern, die in Europa eine geografische Randlage haben, ist die Frage, mit wie vielen Staaten sie eine gemeinsame Grenze haben, nicht immer einfach zu beantworten. Wussten Sie auf Anhieb, dass Spanien an vier und Norwegen an drei andere Länder grenzen?
Ein in der Mitte des europäischen Kontinents gelegener Staat wie Deutschland hat natürlich sehr viel mehr direkte Nachbarn. Mit wie vielen Staaten hat Deutschland eine gemeinsame Grenze?

**4** Welche der sechs Nachbarländer Deutschlands gehören im geografischen Sinne zu Mitteleuropa? Und welche zu West-, Ost- bzw. Nordeuropa?

- *Frankreich*
- *Schweiz*
- *Dänemark*
- *Luxemburg*
- *Österreich*
- *Polen*

**5** Im nordfriesischen Wattenmeer gibt es ein knappes Dutzend kleiner Inseln, die nur etwa ein bis zwei Meter über dem mittleren Tidenhochwasserstand liegen. Wie nennt man diese Inseln, die fast alle bewohnt sind?

- *Warften*
- *Halligen*
- *Köge*
- *Polder*

**6** Der nördlichste Punkt Deutschlands ist …

- *der Lister Ellenbogen,*
- *das Haldenwanger Eck,*
- *der Rickelsbüller Koog*
- *oder das Kap Arkona?*

**7** Der Verlauf der Flüsse Havel, Isar, Main, Neckar und Saale – Nebenflüsse von Elbe, Donau und Rhein – ist in nachfolgendem Schemakärtchen abgebildet. Können Sie herausfinden, welcher der Buchstaben A bis E welchem der Flüsse entspricht?

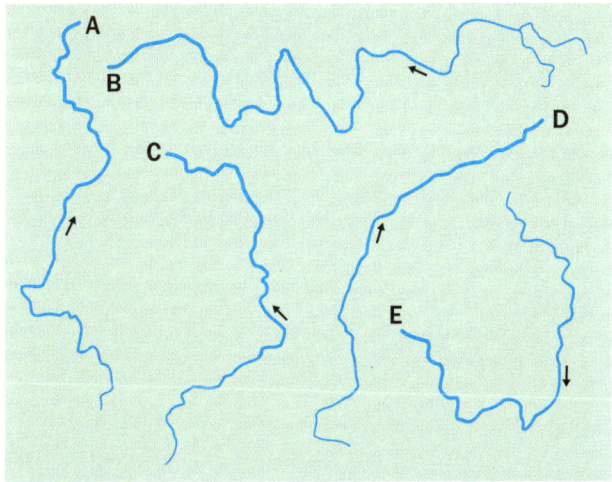

Und können Sie darüber hinaus mithilfe des Kärtchens, das die fünf Flüsse im selben Maßstab zeigt, diese der Länge nach ordnen? Norden ist übrigens – wie immer – oben.

**8** In Deutschland gibt es sechs »Binnenbundesländer«, womit die Bundesländer gemeint sind, die keine gemeinsame Grenze mit einem Nachbarstaat Deutschlands haben. Welche der nachfolgend genannten Länder sind in diesem Sinne Binnenbundesländer?

▨ *Sachsen-Anhalt*
▨ *Rheinland-Pfalz*
▨ *Hessen*
▨ *Mecklenburg-Vorpommern*

**9** Nicht von ungefähr zählt das Obere Mittelrheintal zum Welterbe der UNESCO – das Tal des Mittelrheins ist zweifellos eine der reizvollsten deutschen Landschaften und seit dem 19. Jahrhundert der Inbegriff für Rheinromantik. Sechs größere Flüsse münden in diesem Stromabschnitt in den Rhein, und zwar

- *die Sieg,*
- *die Mosel,*
- *die Wied*
- *die Ahr,*
- *die Lahn,*
- *und die Nahe.*

Welche dieser Flüsse sind rechte, welche linke Nebenflüsse des Rheins?

**10** Welche dieser vier Städte liegt am höchsten, bezogen auf den Meeresspiegel?

- *Stuttgart*
- *Chemnitz*
- *Erfurt*
- *Saarbrücken*

**11** Deutschland ist in 16 Bundesländer gegliedert. Es sollte daher auch 16 Landeshauptstädte geben. Dem ist aber nicht so. Können Sie sagen, wie viele Landeshauptstädte es in der Bundesrepublik gibt?

- *13*
- *14*
- *15*

**12** Nur eines der genannten Bundesländer gehörte 1949 zur neu gegründeten Bundesrepublik Deutschland. Welches?

- *Saarland*
- *Berlin*
- *Niedersachsen*
- *Baden-Württemberg*

*Iller, Lech, Isar, Inn fließen rechts zur Donau hin.*
*Altmühl, Naab und Regen kommen von links dagegen.*

Da die Donau in Deutschland – grob gesprochen – von Westen nach Osten fließt und bei Flüssen die Richtung immer mit dem Blick stromabwärts, also von der Quelle zur Mündung, angegeben wird, kommen die südlichen Nebenflüsse der Donau von rechts und die nördlichen dementsprechend von links. Iller, Lech, Isar und Inn sind folglich Nebenflüsse, die von Süden in die Donau münden. Altmühl, Naab und Regen kommen dagegen von Norden, fließen der Donau aber mitnichten entgegen, wie der Merkspruch vielleicht suggeriert. Das Wörtchen »dagegen« wurde des Reimes wegen ans Ende gestellt, meint aber keine geografische Richtung, sondern einen Gegensatz, und gehörte streng genommen durch ein Komma abgetrennt: »… kommen von links, dagegen.«

**13** Nach erbittertem Streit zwischen Gegnern und Befürwortern wurde 1952 nach einer Volksabstimmung der Südweststaat Baden-Württemberg gegründet. Eines der genannten Länder zählte jedoch nicht zu den Teilstaaten, aus denen das »Musterländle« hervorging. Welches?

   ▪ *Schwaben*
   ▪ *Württemberg-Hohenzollern*
   ▪ *Baden*
   ▪ *Württemberg-Baden*

**14** In Deutschland gibt es derzeit nur noch fünf Gletscher – Tendenz weiterhin schrumpfend. Einer der genannten Gletscher gehört jedoch nicht dazu. Welcher ist es?

   ▪ *Blaueisgletscher*
   ▪ *Höllentalferner*
   ▪ *Pasterze*
   ▪ *Watzmanngletscher*

**15** Wie nennt man die fruchtbaren, vorwiegend landwirtschaftlich genutzten Ebenen am Nordrand der deutschen Mittelgebirge?

■ *Marsch*  ■ *Polder*
■ *Geest*  ■ *Börden*

**16** Sämtliche Gebirge Deutschlands, mit Ausnahme des bescheidenen deutschen Alpenanteils, sind Mittelgebirge, die durchweg die Höhe von 1 500 m nicht überschreiten. Zu ihnen zählen unter anderem

**1** *das Fichtelgebirge,*
**2** *der Hunsrück,*
**3** *das Erzgebirge*
**4** *und die Rhön.*

Die höchsten Erhebungen dieser vier Mittelgebirge sind

**a** *der Erbeskopf,*
**b** *der Fichtelberg,*
**c** *die Wasserkuppe*
**d** *und der Schneeberg,*

allerdings nicht in dieser Reihenfolge. Es ist Ihre Aufgabe, den jeweils höchsten Berg dem entsprechenden Gebirge zuzuordnen.

**17** Ein Hafen ist eine Anlegestelle für Schiffe, und da Schiffe bekanntlich Wasserfahrzeuge sind, sollte ein Hafen tunlichst am Wasser liegen, sei es am Meer, an einem Fluss oder an einem See. Welche der drei deutschen »Hafenstädte«

■ *Friedrichshafen,*
■ *Ludwigshafen*
■ *und Wilhelmshaven*

liegt am Meer, welche an einem Fluss und welche an einem See?

**18** Kaum ein europäisches Land ist rein einsprachig. In den meisten gibt es neben der oder den Amtssprachen noch weitere Sprachen, die von bestimmten Volksgruppen oder ethnischen Minderheiten gesprochen werden – von den zahlreichen Sprachen der Migranten einmal ganz abgesehen. In Großbritannien zum Beispiel ist die Amtssprache Englisch, doch haben sich daneben noch keltische Sprachen wie das Gälische mit den Sprachen Schottisch und Manx und das Kymrische mit Walisisch und Cornisch erhalten.
Wie viele Sprachen, außer Deutsch, werden nun in Deutschland gesprochen, und welche sind das?

**19** In dem Buchstabenverhau sind die Namen von sechs deutschen Bundesländern sowie die jeweiligen Landeshauptstädte versteckt – waagerecht, senkrecht oder diagonal, von oben nach unten oder von unten nach oben zu lesen.

| R | T | N | O | G | T | Y | S | A | N | R | U | A | S |
|---|---|---|---|---|---|---|---|---|---|---|---|---|---|
| E | N | H | E | S | S | E | N | R | P | W | B | M | A |
| V | U | D | U | I | E | A | H | O | N | I | A | U | C |
| O | M | B | N | E | H | B | T | D | E | E | Y | E | H |
| N | I | E | D | E | R | S | A | C | H | S | E | N | S |
| N | R | S | P | E | D | I | C | E | S | B | R | C | E |
| A | E | E | N | A | C | S | N | I | H | A | N | H | N |
| H | V | W | M | H | S | N | E | G | G | D | N | E | R |
| C | N | M | E | T | R | U | F | R | E | E | E | N | B |
| D | H | T | G | R | U | B | N | E | D | N | A | R | B |

**20** Die Frauenkirche ist ein Wahrzeichen welcher deutschen Stadt?

   *Nürnberg*     *Dresden*
   *Meißen*      *München*

**21** Deutschland ist ein eher rohstoffarmes Land und deshalb weitgehend auf Importe angewiesen. Im Vergleich zu anderen Industrienationen spielt der Bergbau bei uns eine eher untergeordnete Rolle. Bei einem Bodenschatz ist Deutschland jedoch das weltweit größte Förderland: bei der Braunkohle.
Welche deutschen Regionen sind die Hauptabbaugebiete von Braunkohle?

 *Leipziger Tieflandsbucht*
*Magdeburger Börde*
*Niederrheinische Bucht*
*Niederlausitz*

**22** Wenn man auf den deutschen Autobahnen die Grenze von einem Bundesland zu einem anderen quert, wird man in der Regel durch ein Schild mit dem Wappen des Bundeslandes, in das man gerade einfährt, darauf aufmerksam gemacht. Häufig ziert es ein Löwe, neben dem Adler eines der häufigsten Wappentiere überhaupt. Welche der nachfolgend genannten deutschen Bundesländer führen Löwen in ihrem Landeswappen?

*Brandenburg*      *Niedersachsen*
*Sachsen-Anhalt*   *Baden-Württemberg*
*Bayern*           *Thüringen*

**23** In Deutschland gibt es knapp zwei Dutzend Städte bzw. Gemeinden namens Neustadt. Von vier davon leitet sich das Autokennzeichen einer Stadt bzw. eines Landkreises von »Neustadt an der …« ab. Welche vier der sechs genannten Kfz-Kennzeichen sind es, und was steht dabei jeweils für die drei Pünktchen?

 *NES*   *NW*   *NB*
*NM*    *NEW*  *NEA*

14

Im Deutschen sagt man Neapel, wenn man das italienische Napoli meint, und Nizza nennt man das französische Nice. Das hat historische Gründe und nichts mit Chauvinismus zu tun, und die Italiener und Franzosen machen es ähnlich. Wenn sie

*Aix la Chapelle,*   *Magonza,*
*Monaco,*   *Ratisbonne,*
*Stoccarda*   *und Trèves*

sagen, welche deutschen Städte sind dann gemeint?

 Stellen Sie sich eine Deutschlandkarte vor und auf dieser die Lage von Erfurt: Die thüringische Landeshauptstadt liegt ziemlich genau in der Mitte Deutschlands. Und jetzt stellen Sie sich weiter vor, wo die Städte

*Potsdam,*   *Frankfurt am Main,*
*Mainz,*   *Dresden,*
*Hannover*   *und Regensburg*

liegen. Welche dieser Städte liegt Ihrem Empfinden nach Erfurt am nächsten (Luftlinie), welche ist am weitesten entfernt? Können Sie diese Städte eventuell sogar nach ihrer Entfernung zu Erfurt ordnen?

### Deutsche Städte

Im September 2011 besaßen in Deutschland 2065 Gemeinden das Stadtrecht. Zwar sollte nach bevölkerungsgeografischen und statistischen Definitionen eine Stadt mindestens 2000 Einwohner haben, doch bestätigen Ausnahmen diese Regeln, denn die Verleihung der Stadtrechte an eine Gemeinde ist rechtlich nicht von der Zahl ihrer Einwohner abhängig. Und so reicht die Spannbreite der Einwohnerzahl deutscher Städte von rund 3,5 Millionen in Berlin bis gerade mal 300 in Arnis im Kreis Schleswig-Flensburg, das nicht nur hinsichtlich der Einwohnerzahl, sondern auch mit nur 0,45 km² Fläche die kleinste Stadt Deutschlands ist.

»Kalkutta liegt am Ganges, Paris liegt an der Seine ...«.
Doch wissen Sie auch, welche der sechs Städte

**1** *Augsburg,*     **2** *Freiburg,*
**3** *Kassel,*     **4** *Leipzig,*
**5** *Lübeck*     **6** *und Nürnberg*

an welchem der sechs Flüsse

**a** *Dreisam,*     **b** *Elster,*
**c** *Fulda,*     **d** *Lech,*
**e** *Pegnitz*     **f** *und Trave*

liegt?

 Die Existenz nationaler Minderheiten in den europäischen Staaten ist keine Ausnahme, sondern eher die Regel. So gibt es in Österreich slowenische und kroatische, in Finnland schwedische oder in Bulgarien türkische Minderheiten. Und auch die Schotten in Großbritannien, die Südtiroler in Italien oder die Katalanen in Spanien sind nationalstaatlich betrachtet ebenfalls ethnische Minderheiten, obwohl Sie in Ihren Heimatregionen die Mehrheit der Bevölkerung stellen. Und auch in Deutschland gibt es solche Minderheiten, nämlich

    *die Friesen,*        *die Belgier,*
    *die Sinti und Roma*        *und die Dänen.*

Doch halt! Eine dieser vier Bevölkerungsgruppen zählt nicht zu den nationalen Minderheiten Deutschlands. Welche ist es?

 Die flächenmäßig größten deutschen Bundesländer sind Bayern, Niedersachsen und Baden-Württemberg, die kleinsten die drei Stadtstaaten und das Saarland. Die Bundesländer

    *Sachsen,*        *Rheinland-Pfalz,*
    *Sachsen-Anhalt*        *und Hessen*

rangieren irgendwo im Mittelfeld.
Können Sie diese vier Länder ihrer Größe nach ordnen?

**29** Nachdem es Ihnen sicherlich gelungen ist, Hessen, Rheinland-Pfalz, Sachsen und Sachsen-Anhalt ihrer Fläche nach zu ordnen, gleich noch eine Frage zu diesen Bundesländern: Können Sie die (im selben Maßstab dargestellten) Flächenformen den vier Ländern zuordnen?

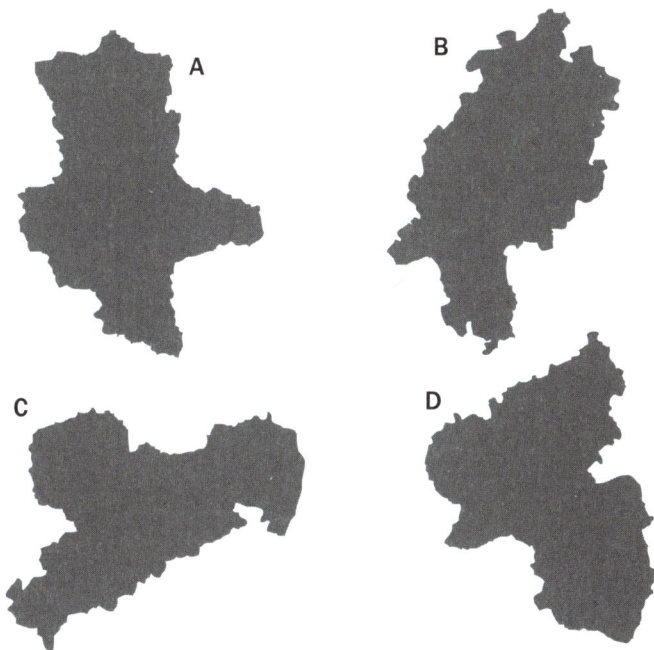

**Tipp!** Sowohl Hessen und Rheinland-Pfalz als auch Sachsen und Sachsen-Anhalt grenzen aneinander.

**30** Maare entstehen durch vulkanische Gasexplosionen, wenn im Untergrund heißes Magma mit Grundwasser in Kontakt kommt. In welchen Mittelgebirgen Deutschlands findet man solche Explosionstrichter?

  Odenwald      Eifel
  Schwäbische Alb   Schwarzwald

**31** Den Namen mancher deutschen Städte verbindet man oft mit einem bestimmten Produkt. So denkt man bei Solingen sofort an Messer, denn Solingen ist das Zentrum der deutschen Schneid- und Besteckwarenindustrie. Und bei den Städten Offenbach, Pforzheim und Pirmasens kommen einem

- *Schuhe,*
- *Leder*
- *und Schmuck*

in den Sinn. Welche Stadt ist das Zentrum welchen Industriezweigs?

**32** Im Gegensatz zur Mosel oder zur Isar, die Deutschland mit Frankreich und Luxemburg bzw. mit Österreich teilen muss, oder gar zum Rhein, der Donau und der Elbe sind

- *der Neckar,*       *die Weser,*
- *die Ruhr*           *und der Main*

»urdeutsche« Flüsse, die ausschließlich innerhalb der deutschen Grenzen fließen. Doch welcher dieser vier Flüsse fließt nicht durch das Bundesland Hessen?

**33** Wie nennt man an der Ostsee ein vom offenen Meer durch Landzungen abgetrenntes flaches Küstengewässer?

- *Förde*       *Haff*
- *Nehrung*     *Bodden*

**34** Helgoland wurde erst 1890 durch einen Tausch mit Großbritannien zu einer deutschen Insel. Gegen welche Insel tauschte das Deutsche Reich sie damals ein?

- *Marianen*     *Samoa*
- *Sansibar*     *Palau*

**35** Flüsse sind von der Natur vorgegebene Grenzlinien, und so ist es wenig verwunderlich, dass Ihnen häufig die Grenzen zwischen benachbarten Staaten folgen. Auch ein nicht unbeträchtlicher Teil der Grenzen Deutschlands verläuft entlang von Flüssen. Wissen Sie, welche der sechs nachfolgend genannten Flüsse keine deutschen Grenzflüsse sind?

| | |
|---|---|
| *Rhein* | *Ems* |
| *Neiße* | *Mosel* |
| *Saar* | *Oder* |

### *Berliner Hamburger müssen köstliche Frankfurter essen*

Dieser von der kulinarischen Fantasie beflügelte Merksatz soll als Gedächtnisstütze für die ehemals (anno 2000) sechs größten und zudem noch der Größe nach geordneten Städte Deutschlands dienen: Berlin (3,38 Mio. Einwohner), Hamburg (1,72 Mio.), München (1,21 Mio.), Köln (0,963 Mio.), Frankfurt am Main (0,649 Mio.) und Essen (0,595 Mio.). Würde man die sechs einwohnerreichsten Städte nach heutigem (2011) Stand auflisten, wäre zwar die Aktualität gewahrt – aber der Merkspruch wäre unbrauchbar. Die Liste würde heute nämlich Stuttgart mit 0,607 Mio. Einwohnern anstelle von Essen (derzeit nur magere 0,575 Mio.) aufführen. Man könnte »essen« indes durch »speisen« ersetzen, dann wäre zumindest hinsichtlich der Anfangsbuchstaben wieder alles in Butter.

**36** 1895 wurde der Kaiser-Wilhelm-Kanal feierlich eröffnet. Wie heißt er heute?

*Oder-Spree-Kanal*

*Nord-Ostsee-Kanal*

*Mittellandkanal*

*Main-Donau-Kanal*

**37** Zeugnisse von Vulkanismus aus vergangenen erdgeschichtlichen Zeiten gibt es in nahezu allen Regionen Deutschlands. Doch welche deutschen Gebirge sind fast ausschließlich vulkanischen Ursprungs?

- *Vogelsberg*
- *Eifel*
- *Rhön*
- *Kaiserstuhl*

**38** Mit welchen der Bundesländer hat Sachsen-Anhalt keine gemeinsame Grenze?

- *Hessen*
- *Brandenburg*
- *Niedersachsen*
- *Sachsen*
- *Mecklenburg-Vorpommern*
- *Thüringen*

**39** Von einem Mittelgebirge spricht man, wenn die relative Höhe der Erhebungen des Gebirges, das heißt die Höhe über seiner Umgebung, 1000 Meter nicht oder nur unwesentlich überschreitet. Insofern ist die überwiegende Mehrzahl der Gebirge in Deutschland der Kategorie Mittelgebirge zuzuordnen. Insgesamt zählt man knapp 50 deutsche Mittelgebirge. Von welchem ist der Feldberg der höchste Berg?

- *Schwarzwald*
- *Harz*
- *Odenwald*
- *Taunus*

**40** Welche deutsche Stadt liegt nicht in einem Dreiländereck, also nicht in unmittelbarer Grenznähe zu zwei Nachbarländern Deutschlands?

- *Lörrach*
- *Passau*
- *Zittau*
- *Aachen*

**41** Die folgenden Kartenskizzen zeigen die Bundesländer Baden-Württemberg, Bayern, Thüringen und Niedersachsen, allerdings nicht im selben Maßstab, sowie die Lage von drei Städten. Welche der mit 1 bis 3 bezeichneten Städte ist jeweils die Hauptstadt des betreffenden Landes?

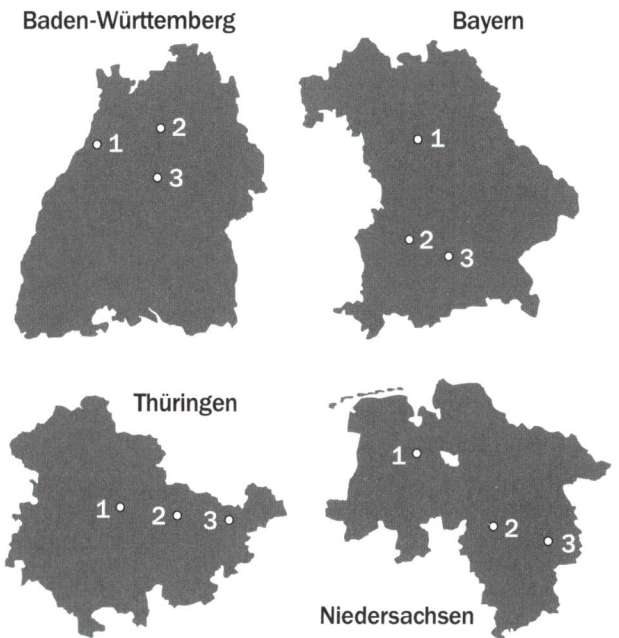

**42** Die Friesischen Inseln sind eine Inselkette, die sich entlang der Nordseeküste vom nördlichen Holland über Deutschland bis nach Süddänemark zieht. Die sieben Inseln zwischen Ems- und Wesermündung sind die Ostfriesischen Inseln, zu denen

  *Langeoog,*     *Wangerooge,*
  *Juist*          *und Norderney*

gehören.
Können Sie diese vier Ostfriesischen Inseln nach ihrer Abfolge von Ost nach West ordnen?

21

**43** Welche Stadt in Thüringen liegt am Fluss Gera?

■ *Gera* ■ *Erfurt*
■ *Zwickau* ■ *Jena*

---

**!** **Welcher Seemann liegt bei Nelly im Bett?**

Wer sich diesen Satz merkt, dem wird es künftig ein Leichtes sein, sich die Anordnung der Ostfriesischen Inseln zu merken, denn die Anfangsbuchstaben der Wörter dieser vielleicht etwas unschicklichen Frage entsprechen jenen besagter Inseln, von Osten nach Westen aufgelistet: Wangerooge, Spiekeroog, Langeoog, Baltrum, Norderney, Juist und Borkum. Man muss natürlich fünf gerade sein lassen und so tun, als wären »I« und »J« keine zwei verschiedenen Buchstaben. Und wem die Sache mit dem Seemann in Nellys Bett zu pikant erscheint, der kann sich auch die folgende Frage merken: Welcher Sportler liegt bis neun im Bett?

---

**44** Die Oder entspringt im Osten der Tschechischen Republik, fließt durch Schlesien, bildet ab der Neißemündung die Grenze zwischen Deutschland und Polen und mündet schließlich in die Ostsee. Welchen Namen hat das Mündungsgebiet der Oder?

■ *Jadebusen* ■ *Stettiner Haff*
■ *Dollart* ■ *Greifswalder Bodden*

---

**45** Welche deutsche Stadt trägt den Beinamen Fächerstadt?

■ *Leipzig* ■ *Fürth*
■ *Karlsruhe* ■ *Solingen*

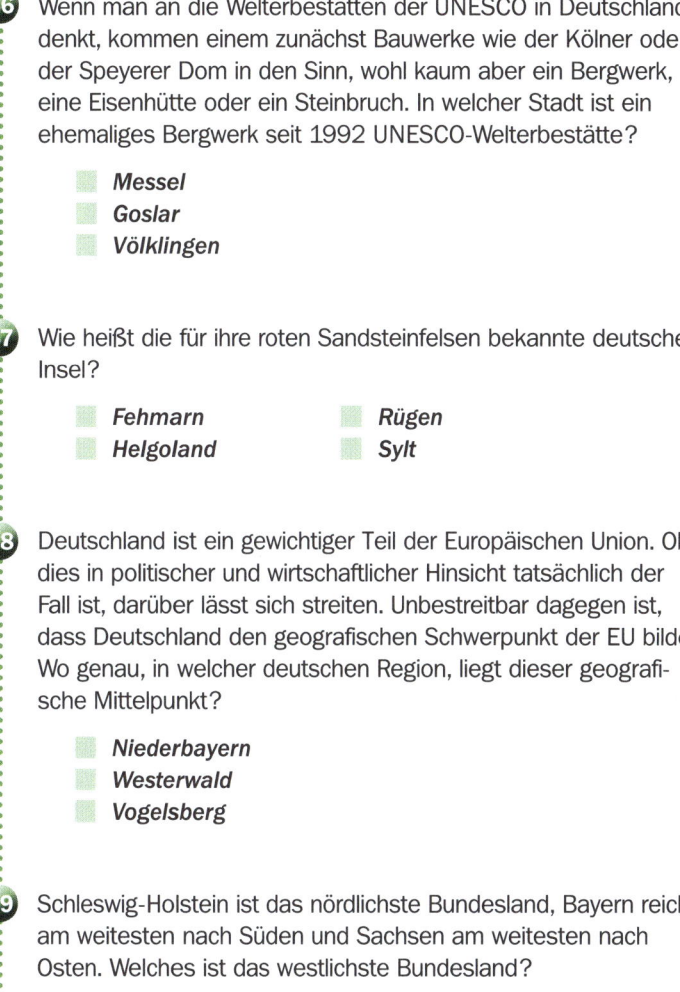

**46** Wenn man an die Welterbestätten der UNESCO in Deutschland denkt, kommen einem zunächst Bauwerke wie der Kölner oder der Speyerer Dom in den Sinn, wohl kaum aber ein Bergwerk, eine Eisenhütte oder ein Steinbruch. In welcher Stadt ist ein ehemaliges Bergwerk seit 1992 UNESCO-Welterbestätte?

- *Messel*
- *Goslar*
- *Völklingen*

**47** Wie heißt die für ihre roten Sandsteinfelsen bekannte deutsche Insel?

- *Fehmarn*
- *Helgoland*
- *Rügen*
- *Sylt*

**48** Deutschland ist ein gewichtiger Teil der Europäischen Union. Ob dies in politischer und wirtschaftlicher Hinsicht tatsächlich der Fall ist, darüber lässt sich streiten. Unbestreitbar dagegen ist, dass Deutschland den geografischen Schwerpunkt der EU bildet. Wo genau, in welcher deutschen Region, liegt dieser geografische Mittelpunkt?

- *Niederbayern*
- *Westerwald*
- *Vogelsberg*

**49** Schleswig-Holstein ist das nördlichste Bundesland, Bayern reicht am weitesten nach Süden und Sachsen am weitesten nach Osten. Welches ist das westlichste Bundesland?

- *Niedersachsen*
- *Rheinland-Pfalz*
- *Nordrhein-Westfalen*
- *Saarland*

**50** Der Westerwald gehört zum rechtsrheinischen Teil des Rheinischen Schiefergebirges und ist weithin durch den kalten Wind bekannt, der über seine Höhen pfeift. Weniger bekannt ist seine genaue Lage. Zu welchem Bundesland gehört der Westerwald eigentlich?

   ▨ *Nordrhein-Westfalen*   ▨ *Hessen*
   ▨ *Bayern*   ▨ *Rheinland-Pfalz*

**51** Die Abbildung zeigt die Flaggen von neun der 16 deutschen Bundesländer, und zwar von Baden-Württemberg, Bayern, Hessen, Mecklenburg-Vorpommern, Nordrhein-Westfalen, Sachsen, Sachsen-Anhalt, Schleswig-Holstein und Thüringen.

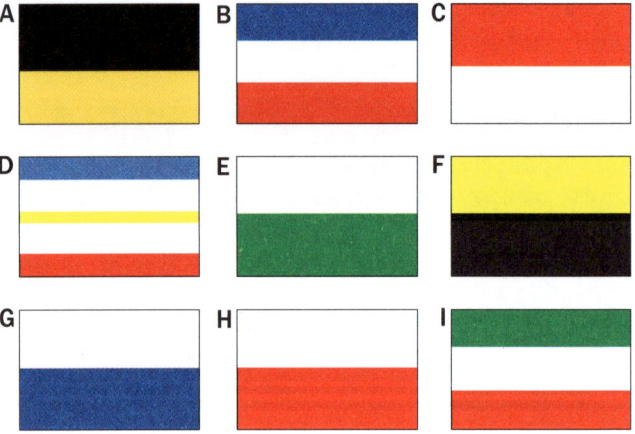

Können Sie die Flaggen den einzelnen Ländern zuordnen?

**52** Die Landschaften der Norddeutschen Tiefebene wurde stark von den Eiszeiten geprägt. Welche eiszeitlich gebildete Geländeform kann man hier jedoch nicht finden?

   ▨ *Trogtäler*   ▨ *Oser*
   ▨ *Drumlins*   ▨ *Urstromtäler*

**53** In welcher deutschen Stadt gibt es so unübertroffen kurze Adressen wie C3, 5 oder Q7, 16?

    *Mainz*        *Mannheim*
    *Münster*    *Minden*

**54** Auch wenn ein Vulkan seine Eruptionstätigkeit schon lange eingestellt hat, macht er sich doch noch lange Zeit durch Nachwehen bemerkbar. Solche Ergebnisse spätvulkanischer Tätigkeit gibt es auch in Deutschland, schließlich liegt der letzte Vulkanausbruch in der Eifel gerade mal erst 10 000 Jahre zurück. Welche der sogenannten postvulkanischen Erscheinungen sind auch hierzulande zu finden?

    *Fumarolen*    *Geysire*
    *Mofetten*    *Solfataren*

**55** Bei den folgenden Aufzählungen deutscher Flüsse ist der erstgenannte Fluss ein Nebenfluss des zweiten, dieser dann ein Nebenfluss des dritten. Doch eine der vier Aufzählungen ist falsch und somit ein Kuckucksei. Welche?

    *Leine – Aller – Weser*
    *Jagst – Main – Rhein*
    *Spree – Havel – Elbe*
    *Saar – Mosel – Rhein*

**56** Welche deutsche Stadt bezeichnet sich auch als die »Stadt der Brücken«?

    *Berlin*      *Bremen*
    *Duisburg*    *Hamburg*

**57** In Deutschland gibt es knapp 200 Orte, die das Wort Bad als Namenzusatz führen. In welchem Bad sprudeln die heißesten Thermalquellen?

   ■ *Bad Aachen*   ■ *Wiesbaden*
   ■ *Baden-Baden*   ■ *Bad Reichenhall*

### Die ältestes Stadt Deutschlands – die ewig ungelöste Streitfrage

Das Alter einer Stadt ist die Zeitspanne seit ihrer Gründung bis heute. Oder seit ihrer ersten urkundlichen Erwähnung. Oder seit der Verleihung der Stadtrechte. Oder… Solange nicht geklärt ist, was mit dem Alter einer Stadt genau gemeint ist, lässt sich die Frage nach der ältesten Stadt Deutschlands nicht mit Sicherheit beantworten.

Mit größter Wahrscheinlichkeit ist es jedoch eine Stadt, die von den Römern gegründet wurde, von diesen urkundlich erwähnt wurde und bereits in der Römerzeit Stadtrechte besaß. Dies trifft auf eine Reihe von deutschen Städten zu, von denen Trier, 16 v. Chr. als Augusta Treverorum gegründet, das größte Anrecht auf den Titel haben dürfte. Zwar wurde Neuss im selben Jahr gegründet, jedoch nicht als Stadt, sondern als militärisches Kastell. Mit Trier streitet sich u. a. Worms, dessen Stadtgebiet bereits in der Jungsteinzeit besiedelt war, um den Titel »älteste Stadt Deutschlands«. In Köln war bereits spätestens 19 v. Chr. eine städtische Siedlung entstanden, doch erhebt die Stadt kein Anrecht darauf, die älteste Deutschlands zu sein, vielleicht weil ihr die römischen Stadtrechte erst im Jahre 50 n. Chr. verliehen wurden.

**58** Die deutschen Küsten an Nord- und Ostsee sind nicht gerade lang, weisen aber dennoch eine Vielfalt von Formen auf, von denen einige weltweit einzigartig sind. Doch welche Küstenform gibt es an der deutschen Nord- oder Ostseeküste nicht?

   ■ *Boddenküste*   ■ *Wattenküste*
   ■ *Schärenküste*   ■ *Fördenküste*

**59** Welche der gezeigten Umrisse gehören zu den Nord- und Ostseeinseln Amrum, Borkum, Fehmarn und Hiddensee dar? Um es nicht allzu einfach zu machen, sind die Inseln nicht im gleichen Maßstab dargestellt; wie üblich ist Norden aber stets oben.

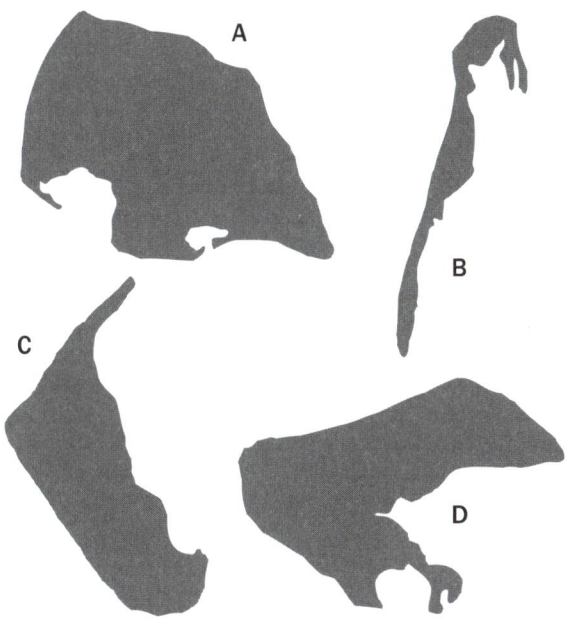

**60** Bei manchen deutschen Ortsnamen kann man sich ein gewisses Schmunzeln nicht verkneifen, etwa bei

- *Osten an der Weste,*
- *Neustadt am Rübenberge,*
- *Kalbe an der Milde*
- *oder Müden an der Örtze.*

Doch einer davon ist erfunden; eine Gemeinde oder eine Stadt dieses Namens gibt es nicht. Welcher ist es?

**61** Deutschland grenzt an neun Länder und hat damit mehr direkte Nachbarn als jedes ander Land Europas. Können Sie die aufgezählten Nachbarländer Deutschlands zum einen der Größe, zum anderen der Einwohnerzahl nach ordnen?

- *Niederlande*
- *Spanien*
- *Österreich*
- *Polen*
- *Tschechische Republik*
- *Frankreich*

**62** Einen Großteil des romantischen Flairs des Mittelrheintals machen sicher die Burgen und Schlösser aus. Rund fünf Dutzend von ihnen sind zwischen Bingen und Bonn beiderseits des Rheins aufgereiht. Eine der genannten Burgen liegt jedoch nicht am Mittelrhein. Welche ist es?

- *Katz*
- *Maus*
- *Eltz*
- *Linz*
- *Sayn*
- *Klopp*

**63** Welche deutsche Stadt hat keine Kirche als Wahrzeichen?

- *Hamburg*
- *München*
- *Frankfurt am Main*
- *Köln*

**64** Der Tiefseehafen von Wilhelmshaven hat die größte Wassertiefe von allen deutschen Seehäfen; die Hafenstadt wurde nicht zuletzt deswegen zum größten Erdölumschlaghafen Deutschlands. Welcher Fluss mündet in die Nordseebucht, an der Wilhelmshaven liegt?

- *Weser*
- *Ems*
- *Jade*
- *Elbe*

*Rüdiger und Ferdinand sind Förster.*

In dieser fürwahr dramatischen Feststellung verstecken sich per Anfangsbuchstaben die fünf größten Inseln Deutschlands, nämlich Rügen (926 km²), Usedom (354 km²), Fehmarn (185 km², alle in der Ostsee), Sylt (99 km²) und Föhr (82 km², beide in der Nordsee). Man kann den Spruch jederzeit mit einem ähnlich sinnvollen Satz ergänzen, etwa mit »Peter pökelt Bücklinge normalerweise ambulant«, und sich damit dann auch die Plätze sechs bis zehn der Top Ten der größten deutschen Inseln merken, als da sind Pellworm, Poel, Borkum, Norderney und Amrum.

**65** Eine Exklave ist ein Teil des Hoheitsgebiets eines Staats, der vom Gebiet eines anderen Staats vollständig umschlossen ist. Zu Deutschland gehören sechs solcher Exklaven. Wie heißt diejenige, die gänzlich von Schweizer Staatsgebiet umgeben ist?

▪ *Mützenich*
▪ *Rückschlag*
▪ *Büsingen*

**66** Die Einwohner von München nennt man Münchener oder – das zweite »e« darf wegfallen – Münchner. Bei den Dresdenern oder Dresdnern verhält es sich ebenso. Die Einwohner von Kassel müssten demzufolge Kasseler oder Kassler sein. Dass es aber nicht zwangsläufig so sein muss, sieht man am Beispiel von Bremen und der Bremer. Wissen Sie, wie sich die Einwohner von Kassel nennen?

▪ *Kassler*      ▪ *Kasseler*
▪ *Kasselaner*      ▪ *Kasseläner*

**67** Mit insgesamt neun Nachbarländern hat Deutschland eine gemeinsame Grenze. Welche davon ist die kürzeste?

- Luxemburg
- Dänemark
- Belgien
- Schweiz

**68** Der höchste Kirchturm der Welt ist bekanntlich der des Ulmer Münsters. In welcher Stadt aber befindet sich die Kirche mit dem höchsten Backsteinturm der Welt?

- Lübeck
- Landshut
- Schwerin
- Greifswald

**69** Die nachfolgend genannten Heilbäder liegen in Baden-Württemberg, Brandenburg und Thüringen. Doch welches liegt in welchem Bundesland?

- Bad Liebenstein
- Bad Liebenzell
- Bad Liebenwerda

**70** Welcher Dom zählt nicht zum Weltkulturerbe der UNESCO?

- Kölner Dom
- Dom zu Speyer
- Aachener Dom
- Mainzer Dom

**71** In Deutschland gibt es derzeit vier Städte mit mehr als einer Million Einwohner. In welcher davon regnet es am wenigsten?

- Berlin
- München
- Hamburg
- Köln

# 2 Europa

Europa ist der zweitkleinste Kontinent, nur Australien ist kleiner. Das ist unstrittig. Wie groß unser Kontinent genau ist, ist unter Geografen und Geologen jedoch umstritten. Diese können sich nicht einigen, wo denn nun die Grenzen zu Europas großem Bruder Asien zu ziehen sind. Es gibt sogar Stimmen, die Europa den Rang eines Kontinents ganz absprechen und es mit Asien zu einem Megakontinent Eurasien zusammenfassen wollen. In diesen wissenschaftlichen Streit wollen wir uns aber nicht einmischen, sondern den Begriff »Kontinent Europa« so verstehen, wie er sich im Laufe der Jahrhunderte historisch-kulturell entwickelt hat.

 Die Meeresstraßen und Meeresteile, die den europäischen vom asiatischen Teil der Türkei trennen, gehören zu den Bereichen, an den die Grenzziehung zwischen Europa und Asien unter den Wissenschaftlern unstrittig ist. Einer dieser Meeresteile ist die seit dem 3. Jahrtausend v. Chr. geschichtlich immer wieder bedeutsame Meerenge, die das Marmarameer mit dem Ägäischen Meer verbindet. Wie heißt diese Meeresstraße?
*Tipp!* In der Antike wurde sie Hellespont genannt.

 Und da dieses Kapitel mit einer Frage nach Meerengen und Meeresstraßen angefangen hat, gleich noch eine zu diesem Thema: Welche Länder trennt die Nordkanal genannte Meeresstraße?

- *Norwegen und Dänemark*
- *Irland und Schottland*
- *Dänemark und Schweden*
- *Belgien und Frankreich*

**3** Geografische Namen zu Ehren von Personen sind in der Neuen Welt nichts Ungewöhnliches. Nicht so in Europa. Hier sind die Namen von Flüssen, Bergen oder Gebirgen in aller Regel geschichtlich gewachsene Bezeichnungen. Mitten in Europa gibt es allerdings ein Gebirge, das im 19. Jahrhundert nach einer Person benannt wurde. Sind es

■ *die Abruzzen,*
■ *die Ardennen*
■ *oder die Dolomiten?*

**4** Die Donau ist nach der Wolga der zweitlängste Fluss Europas. Sie entspringt im Schwarzwald (»Brigach und Breg bringen die Donau zuweg«) und mündet ins Schwarze Meer. Zehn Anrainerstaaten teilen sich ihren 2850 km langen Lauf. Können Sie alle zehn Länder aufzählen, und – wenn möglich – das auch noch in der richtigen Reihenfolge von der Quelle bis zur Mündung?

**5** Viele Teilbereiche des Mittelmeers sind unter eigenen Namen bekannt, so auch jener zwischen dem italienischen Festland und den Inseln Sizilien und Sardinien. Wie heißt dieser Teil des Mittelmeers?

■ *Ionisches Meer*        ■ *Tyrrhenisches Meer*
■ *Ligurisches Meer*      ■ *Adriatisches Meer*

**6** Da Costa sowohl in Spanien als auch in Italien und in Portugal die Bezeichnung für Küste ist, lässt sich aus den Namen

■ *Costa Brava,*        ■ *Costa Smeralda,*
■ *Costa Dorada,*       ■ *und Costa Verde*

nicht ableiten, in welchem dieser Länder diese Küstenabschnitte liegen. Wissen Sie es?

**7** Welche ehemalige sowjetische Unionsrepublik ist kein Anrainer-
staat des Schwarzen Meeres?

Georgien      Moldawien
Ukraine       Russland

**8** Die Umrisse im Bild unten sind die von vier Mittelmeerinseln, die,
um die Frage nicht zu leicht zu machen, allerdings nicht im selben Maßstab dargestellt sind. Wie heißen die Inseln?

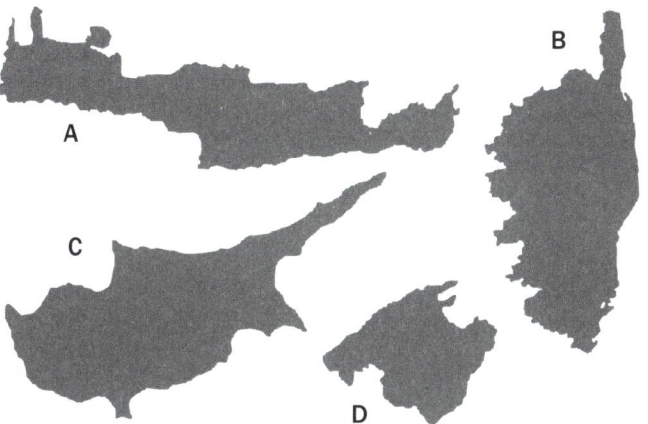

**9** Die Schweiz besteht aus 26 Gliedstaaten, den sogenannten
Kantonen. Die vier größten von ihnen sind

Waadt,      Wallis,
Bern        und Graubünden.

Können Sie sagen, welche der vier Landessprachen der
Schweiz – Deutsch, Französisch, Italienisch und Rätoromanisch –
in diesen vier Kantonen jeweils gesprochen werden?

**10** Früher konnte man die Frage »Wo liegt eigentlich Dnjepropetrowsk?« problemlos beantworten: »Das kann nur in der Sowjetunion liegen!« Heute, nachdem aus der Sowjetunion fünfzehn
unabhängige Staaten hervorgegangen sind, ist das nicht mehr
ganz so einfach.
Nur eine der genannten Städte der früheren Sowjetunion liegt in
Russland. Welche?

- *Minsk*
- *Irkutsk*
- *Krasnowodsk*
- *Donezk*

**11** Einer der nachfolgend genannten europäischen Städte tanzt aus
der Reihe. Welche ist es und warum?

- *Barcelona*
- *Marseille*
- *Genua*
- *Odessa*
- *Glasgow*
- *Rotterdam*

**12** Die sechs größten Seen der Alpenregion liegen alle am Rand
oder im Vorland des Gebirges. Es sind dies

- *der Bodensee,*
- *der Gardasee,*
- *der Comer See*
- *der Genfer See,*
- *der Lago Maggiore,*
- *und der Neuenburger See,*

welcher auch als See von Neuchâtel bekannt ist.
Können Sie diese Seen ihrer Größe nach ordnen?

**13** In Europa gibt es derzeit – das heißt Ende 2011 – 46 souveräne Staaten. Dementsprechend sollte es auch 46 europäische
Hauptstädte geben. Drei davon fangen mit dem Buchstaben »V«
an, nämlich

- *Vilnius,*
- *Valetta*
- *und Vaduz.*

Von welchen drei Staaten sind dies die Hauptstädte?

Mit der Vermutung, das Asowsche Meer müsse seines Namens wegen in oder um Russland herum liegen, hat man den ersten Schritt zur Beantwortung dieser Frage bereits erfolgreich getan. Doch wollen wir es genauer wissen. Von welchem Meer ist das Asowsche Meer ein Nebenmeer?

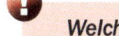

- *Kaspisches Meer*
- *Barentssee*
- *Schwarzes Meer*

#### Welches ist eigentlich der höchste Berg Europas?

Gute Frage! Die einen sagen, es ist der 4810 m hohe Montblanc in den Alpen, die anderen der 5642 m hohe Elbrus im Kaukasus. Wem man glaubt oder recht gibt, hängt davon ab, welche geografische Grenze Europas man bevorzugt. In Deutschland gelten als konventionelle Grenzen zwischen Europa und Asien das Uralgebirge, der Uralfluss, das Kaspische Meer und die Manytschniederung bis zum Asowschen Meer. Folgt man dieser Abgrenzung, dann liegt der Elbrus in Asien und der Montblanc wäre der höchste Berg Europas. Da eine Niederung aber keine so eindeutige Grenzziehung erlaubt wie ein Fluss oder ein Gebirge, bevorzugen viele Geografen den 300 km weiter südlich gelegenen Hauptkamm des Kaukasus als natürliche Grenze Europas. Und in diesem Fall läge der Elbrus gerade noch in Europa, ebenso wie Teile von Aserbaidschan, das geografisch üblicherweise Asien zugerechnet wird.

 In welchem Land liegt der westlichste Punkt des europäischen Kontinents?

- *Irland*
- *Portugal*
- *Spanien*
- *Island*

**16** Auch wenn die Grenzziehung zwischen den Kontinenten Europa und Asien teilweise umstritten ist, gibt es mindestens drei Staaten, die auf beiden Kontinenten liegen. Welcher gehört nicht dazu?

- Kasachstan
- Georgien
- Russland
- Türkei

**17** Nach Mallorca gehören die Kanarischen Inseln zu den beliebtesten Inselzielen bundesdeutscher Urlauber. Die vor der Nordwestküste Afrikas im Atlantik gelegene spanische Inselgruppe besteht aus sieben größeren und sechs kleineren Inseln. Können Sie die Kanarischen Inseln

- Gran Canaria,
- La Gomera
- Lanzarote,
- und Teneriffa

ihrer Größe nach ordnen?

**18** Allemagne, Germany, Tyskland – Deutschland wird fast nur in der deutschen Sprache Deutschland genannt. Bei anderen Staaten oder Völkern ist es ähnlich. Sie selbst bezeichnen sich anders, als sie in fremden Sprachen genannt werden. Welche europäischen Länder nennen sich selbst

- Magyarország,
- Shqipëri
- Suomi,
- und Hrvatska?

**19** In seinem Mündungsbereich verzweigt sich der Rhein in mehrere Mündungsarme und bildet zusammen mit der Maas ein ausgedehntes Delta. Welches ist jedoch kein Mündungsarm des Rheins?

- Lek
- Waal
- Ijssel
- Schelde

Eine Trikolore ist eine Flagge mit drei horizontalen oder vertikalen Streifen unterschiedlicher Färbung. Insofern ist die deutsche Bundesflagge mit ihren Farben Schwarz, Rot und Gold eine Trikolore, nicht dagegen jene Österreichs mit Rot, Weiß, Rot. Häufig wird der Begriff Trikolore auch synonym für die französische Flagge mit den Farben Blau, Weiß und Rot verwendet. Überhaupt scheint diese Farbkombination sehr beliebt zu sein: Die Trikoloren von sechs weiteren europäische Staaten haben diese Farben, wobei sich allerdings die Farbtöne unterscheiden können. Wissen Sie, zu welchen Staaten die sechs abgebildeten Flaggen gehören?

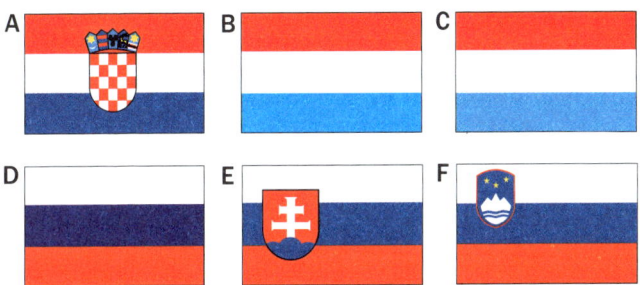

 Der höchste Punkt der Alpen ist der Montblanc. Um seinen 4 810 Meter hohen Gipfel zu erreichen, muss man allerdings schon einen längeren Fußmarsch in Kauf nehmen. Wer auf die Bequemlichkeit seines Autos nicht verzichten will, kommt bei Weitem nicht so hoch hinaus.
Wie hoch liegt der höchste mit dem Auto erreichbare Punkt der Alpen?

▪ *2 505 Meter*
▪ *2 802 Meter*
▪ *3 136 Meter*

**22** Nur die Wenigsten dürften die politische Landkarte Afrikas genau genug im Kopf haben, um die Antwort auf die Frage, ob Malawi und Simbabwe eine gemeinsame Grenze haben, aus dem Ärmel schütteln zu können. Bei unserm Nachbarland Frankreich sollte so etwas einfacher sein.
Welcher Staat grenzt nicht direkt an das Staatsgebiet Frankreichs an?

■ *Italien*　　■ *Spanien*
■ *Portugal*　■ *Brasilien*

**23** Zwar sollte man Äpfel nicht mit Birnen vergleichen, doch ist ein Vergleich ihrer Größe durchaus statthaft. Da es sich mit der Fläche von Städten, Inseln oder Seen ebenso verhält, kann man durchaus die Größe

■ *des Stadtgebiets von Köln,*
■ *der Mittelmeerinsel Elba*
■ *und des italienischen Gardasees*

miteinander vergleichen. Können Sie diese drei ähnlich großen »geografischen Objekte« ihrer Größe nach ordnen?

**24** Österreich steht nach wie vor an der Spitze der beliebtesten Urlaubsländer der Deutschen. Statistisch gesehen war in den vergangenen sechs Jahren jeder Deutsche einmal in Österreich. Es sollte daher niemandem schwerfallen, von den Städten

**1** *Linz,*
**2** *Lienz*
**3** *und Graz*

zu sagen, in welchem der österreichischen Bundesländer

**a** *Tirol,*
**b** *Steiermark*
**c** *und Oberösterreich*

sie jeweils liegen.

**25** Die unten abgebildeten Umrissformen sind die von vier europäischen Staaten, im selben Maßstab dargestellt. Welcher Umriss gehört zu welchem Land?

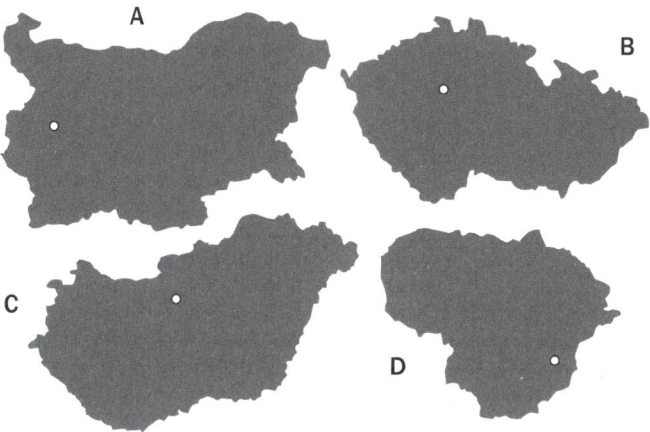

**26** *Tipp!* Die Lage der Hauptstadt des jeweiligen Landes ist mit einem weißen Punkt markiert. Und die Ost-West-Erstreckung von Land A beträgt etwa 500 km.

Griechenland besteht aus einem Festlandsanteil und einer Vielzahl von Inseln. Die Inseln der südlichen Ägäis – grob gesagt, jene nördlich von Kreta und östlich der Halbinsel Peloponnes – sind die Kykladen, die in der Ägäis vor der kleinasiatischen Küste gelegenen sind die Südlichen Sporaden. Können Sie von den nachfolgend aufgeführten Inseln – allesamt beliebte Touristenziele – sagen, welcher Inselgruppe sie angehören?

|  | Naxos |  | Santorin |
|--|-------|--|----------|
|  | Korfu |  | Rhodos |
|  | Samos |  | Milos |

**27** Welche europäische Stadt liegt – gemessen in Flugkilometern – Frankfurt am Main am nächsten?

- ▓ *Helsinki*
- ▓ *Athen*
- ▓ *Istanbul*
- ▓ *Madrid*

**28** Nur wenige europäische Länder sind ausschließlich einsprachig. In den meisten gibt es neben der oder den Amtssprachen noch weitere Sprachen, die von bestimmten Volksgruppen oder ethnischen Minderheiten gesprochen werden. Dies gilt für Deutschland und Italien ebenso wie für Großbritannien und Frankreich. Wie viele Sprachen werden in Frankreich neben dem Französischen noch gesprochen?

- ▓ *drei*
- ▓ *vier*
- ▓ *sieben*

**29** Bei Frage 4 zu Europa war nach der Zahl der Anrainerstaaten der Donau gefragt: Es waren insgesamt zehn. Die Hauptstadt von einigen dieser zehn Länder liegt ebenfalls an der Donau. Welche der mittel- und südosteuropäischen Hauptstädte gehören dazu?

- ▓ *Belgrad*
- ▓ *Wien*
- ▓ *Bratislava*
- ▓ *Chișinău*
- ▓ *Zagreb*
- ▓ *Budapest*

**30** Eine der vier genannten Sprachen ist keine Amtssprache Belgiens. Welche?

- ▓ *Belgisch*
- ▓ *Französisch*
- ▓ *Deutsch*
- ▓ *Niederländisch*

Mallorca, der Deutschen liebstes Ferienziel, gehört zur spanischen Inselgruppe der Balearen, wie auch

 *Menorca,* *Fuerteventura,*
*Formentera* *und Ibiza.*

Mit einer dieser vier Inseln haben wir Ihnen jedoch ein Kuckucksei untergeschoben. Welche ist es?

**Ist der nördlichste Punkt des europäischen Festlands das Nordkap?**

Auch wenn diese Auffassung weit verbreitet ist, stimmt sie in mehrfacher Hinsicht nicht. So liegt das Nordkap – als steil aus dem Nordpolarmeer ragendes Felsplateau beliebtes Reiseziel für Skandinavientouristen – nicht auf dem Festland, sondern auf der Norwegen im Norden vorgelagerten Insel Magerøy. Zudem gibt es einige zu Europa zählende arktische Inseln, die noch nördlicher liegen, und selbst auf Magerøy erstreckt sich westlich des Nordkaps die Landzunge Knivskjellodden fast 1,4 km weiter nach Norden. Der nördlichste Punkt des Festlands ist die rund 70 km östlich des Nordkaps gelegene Landzunge Kinnarodden auf der norwegischen Halbinsel Nordkinn. Allerdings kann sich das Nordkap seit seiner Anbindung an das europäische Straßennetz 1956 mit dem Titel schmücken, der nördlichste mit dem Auto erreichbare Punkt Europas zu sein.

**32** Die Alpen als höchstes Gebirge Europas liegen wie ein Querriegel zwischen Mittel- und Südeuropa und bilden die wichtigste europäische Wasserscheide. In ihrem Zentralteil sind sie die Wasserscheide zwischen Nordsee und Mittelmeer, im Ostteil zwischen Schwarzem Meer und Mittelmeer. Zahlreiche große Flüsse haben dort ihren Ursprung. Nur einer der genannten Flüsse entspringt nicht in den Alpen. Welcher?

 *Rhein* *Po*
 *Loire* *Rhône*

Nach dem Zerfall der Sowjetunion Anfang der 1990er-Jahre gab man in Russland vielen zu Sowjetzeiten umbenannten Städten ihre alten russischen Namen zurück. Aus Leningrad wurde 1991 wieder Sankt Petersburg. Wie aber hieß die Stadt, bevor sie 1924 in Leningrad umbenannt wurde?

 Die größeren europäischen Verkehrsflughäfen tragen neben dem Namen der Stadt meist noch den Namen des Stadtteils bzw. der Gemeinde, auf dessen bzw. deren Gemarkung sie sich befinden. So sind Gatwick und Heathrow die Namen von zwei Londoner Flughäfen. Bekannte Namen von Flughäfen sind auch

1 *Kastrup,*
2 *Kloten,*
3 *Orly,*
4 *Schiphol,*
5 *Schwechat*
6 *und Zaventem.*

Können Sie diese Flughäfen den zugehörigen europäischen Städten

a *Amsterdam,*
b *Brüssel,*
c *Kopenhagen,*
d *Paris,*
e *Wien,*
f *und Zürich*

zuordnen?

 Aus welchen europäischen Ländern stammen Kraftfahrzeuge mit den Nationalitätskennzeichen

▨ *BG,*
▨ *BIH*
▨ *und BY?*

**36** Zu Zeiten der Sowjetunion wurde vorwiegend Russisch gesprochen, inzwischen sind Estnisch, Lettisch und Litauisch die Amtssprachen der drei baltischen Staaten. Welche dieser Sprachen ist eine baltische Sprache?

▨ *Estnisch*      ▨ *Lettisch*
▨ *Litauisch*     ▨ *alle drei*

**37** Wie heißt das die italienische Halbinsel über eine Länge von fast 1 500 km durchziehende Gebirgssystem?

▨ *Abruzzen*      ▨ *Rhodopen*
▨ *Apenninen*     ▨ *Cevennen*

**38** Hier gilt es, die in dem Kreuzwortdiagramm waagerecht, senkrecht oder diagonal versteckten, vorwärts, rückwärts, von oben oder von unten zu lesenden europäischen Staaten zu finden.
*Tipp!* Wenn Sie zwölf Länder gefunden haben, können Sie aufhören zu suchen; mehr sind es nicht.

| N | A | G | O | L | D | P | G | L | I | T | E | S | A | M | B | U | R | W | F | R | D | E | L |
|---|---|---|---|---|---|---|---|---|---|---|---|---|---|---|---|---|---|---|---|---|---|---|---|
| A | E | Y | R | O | H | I | N | R | A | G | N | U | R | H | C | E | A | R | R | O | D | N | A |
| U | Z | D | G | I | R | S | I | O | U | K | R | A | I | N | E | O | U | A | G | N | G | E | N |
| E | I | R | E | N | E | E | D | C | A | B | E | L | G | I | E | N | E | Z | A | I | R | I | P |
| G | E | P | N | W | R | C | O | N | U | I | M | N | E | U | A | T | I | L | A | P | T | N | E |
| A | W | N | E | L | H | N | H | C | H | C | I | E | R | K | N | A | R | F | G | O | R | A | T |
| O | H | E | T | R | B | C | I | E | E | G | N | F | X | E | A | E | N | K | R | R | S | P | N |
| L | C | N | N | A | N | E | S | N | N | K | I | D | R | U | D | E | W | L | X | T | N | S | A |
| O | S | L | O | W | E | N | I | E | N | L | S | A | L | E | L | M | I | S | N | U | L | T | E |
| W | R | S | M | R | L | N | E | I | N | N | A | T | I | R | B | S | S | O | R | G | L | I | W |
| M | H | G | A | H | O | N | O | R | Z | I | U | N | O | R | W | E | G | E | N | A | C | H | D |
| I | T | A | Z | Y | P | E | R | N | U | A | O | E | D | N | G | R | T | L | M | L | P | E | B |

**39** Wenn Sie in der vorigen Aufgabe die zwölf Länder gefunden haben, können Sie in dieser Aufgabe auch gleich nach deren Hauptstädten sowie zusätzlich nach jenen von Griechenland, Malta, Montenegro, Schweden, der Schweiz und Zypern suchen.

| M | V | A | L | E | T | T | A | M | L | O | H | K | C | O | T | S | N |
|---|---|---|---|---|---|---|---|---|---|---|---|---|---|---|---|---|---|
| E | I | T | C | K | C | R | A | S | D | U | O | C | W | L | S | I | A |
| U | L | E | H | I | B | D | U | N | T | E | X | L | I | B | E | R | I |
| A | N | D | O | R | R | A | I | E | A | M | L | E | O | A | P | A | S |
| H | I | O | J | E | U | O | S | R | G | J | U | R | M | N | A | P | O |
| C | U | K | T | D | E | L | G | N | D | O | L | I | B | B | D | E | K |
| S | S | S | R | X | S | B | A | D | S | A | S | B | A | D | U | O | I |
| R | M | A | O | L | S | O | P | N | O | A | M | E | U | I | B | R | N |
| A | T | H | E | N | E | A | M | V | S | P | L | R | O | J | N | T | G |
| W | E | I | K | R | L | I | S | S | A | B | O | N | U | H | L | I | P |

 **40** In welcher der vier deutschen Millionenstädte es am wenigsten regnet, haben wir bereits bei den Fragen zu Deutschland geklärt: Es ist Berlin.
Wo aber liegt Berlin hinsichtlich der jährlichen Niederschlagsmenge im Vergleich zu anderen europäischen Metropolen? In welcher der vier genannten Städte regnet es am meisten?

    *London*      *Berlin*
    *Rom*      *Paris*

 **41** Italien ist in 20 Regionen gegliedert. Zu den bekannteren zählen die Lombardei und die Toskana, während einem

    *Molise,*      *Basilikata,*
    *Valle d'Aosta*      *oder Kampanien*

nicht ganz so geläufig sein dürften. Können Sie diese Regionen dennoch nach ihrer geografischen Lage von Nord nach Süd ordnen?

Nicht alle europäischen Hauptstädte liegen im flachen Land oder gar am Meer, es gibt auch einige höher gelegene, darunter die von Bulgarien, der Schweiz und Spanien. Welche der drei Hauptstädte liegt am höchsten?

    ▨ *Sofia*        ▨ *Bern*        ▨ *Madrid*

 Es gibt Gebirge in Europa, von denen kennt man gerade mal den Namen, und von anderen kennt man nicht einmal den. Und noch viel weniger weiß man, wie hoch diese sind oder wie ihr höchster Berg heißt. Dennoch wollen wir versuchen, den Gebirgen

    **1** *Dovrefjell,*
    **2** *Pindos,*
    **3** *Sierra Nevada*
    **4** *und Aspromonte*

ihren jeweils höchsten Berg zuzuordnen. Welcher der genannten Berge ist die höchste Erhebung von welchem Gebirge?

    **a** *Mulhacén*
    **b** *Montalto*
    **c** *Smolikas*
    **d** *Snøhetta*

 Wie der Mündungsbereich eines Flusses im Detail aussieht, hängt von der jeweiligen Küstenlandschaft und der Gezeitenwirkung ab. Prinzipiell lassen sich zwei Mündungsformen unterscheiden: das Delta und das Ästuar.
Welcher der folgend aufgeführten europäischen Flüsse mündet unter Ausbildung eines Deltas ins Meer?

    ▨ *Rhône*      ▨ *Po*
    ▨ *Elbe*       ▨ *Themse*

Das nachstehende Schemakärtchen zeigt den Verlauf von bedeutenden europäischen Strömen,

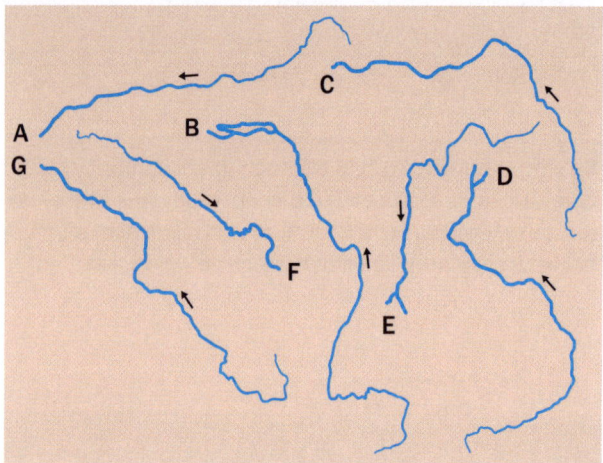

die alle im selben Maßstab abgebildet sind. Um welche sieben Flüsse handelt es sich?

*Tipp!* Die Verästelungen bei den Flüssen B, D und E weisen auf eine deltaförmige Mündung hin.

 Es kommt selten vor, dass die alten deutschen, früher gebräuchlichen Namen für Städte im europäischen Ausland heute noch verwendet werden. Dass Lwiw noch immer meist Lemberg genannt wird, liegt vielleicht daran, dass keiner weiß, wie man diesen ukrainischen Namen aussprechen soll. Die Städte

■ *Preßburg,*          ■ *Agram,*
■ *Laibach*          ■ *und Reval*

werden mittlerweile fast nur noch mit ihren landeseigenen Namen bezeichnet. Können Sie sagen, welche Hauptstädte von vier europäischen Ländern sich hinter diesen alten deutschen Namen verbergen?

**47** Die Einwohner der Baleareninsel Mallorca heißen Mallorquiner, die Bewohner der Nachbarinsel Ibiza Ibizenker. Wie aber nennt man die Einwohner von Sardinien?

    ■ *Sardinier*     ■ *Sarden*
    ■ *Sardinianer*     ■ *Sardinen*

**48** Sowohl die Nationalflagge als auch das Staatswappen der Sowjetunion zeigte Hammer und Sichel. Auch wenn die Sowjetunion seit 1991 Geschichte ist, führt ein europäisches Land heute noch Hammer und Sichel in seinem Staatswappen.
Welche Flagge steht für dieses Land?

**49** Die Anrainerstaaten der Ostsee sind Dänemark, Schweden, Finnland, Russland, die drei baltischen Staaten, Polen und Deutschland. Wie aber heißt die größte Ostseeinsel und zu welchem Land gehört sie?

    ■ *Gotland*     ■ *Öland*
    ■ *Seeland*     ■ *Jütland*

**50** Wie der Antwort zur vorigen Frage zu entnehmen ist, liegt Kopenhagen auf Seeland. Ein kleiner Teil der dänischen Hauptstadt liegt aber auf einer anderen Insel. Wie heißt sie?

    ■ *Fünen*     ■ *Falster*
    ■ *Amager*     ■ *Fanø*

Vancouver an der Pazifikküste Kanadas liegt ungefähr auf dem gleichen Breitengrad wie Paris, ist aber dennoch die nördlichste Millionenstadt Amerikas. In Europa dagegen gibt es etwa einein- halb Dutzend Millionenstädte, die nördlicher als Vancouver liegen. Welches davon ist die am weitesten im Norden gelegene?

    ■ *Helsinki*       ■ *Sankt Petersburg*
    ■ *Stockholm*    ■ *Kopenhagen*

### *Die südlichste Stadt Europas. Hätten Sie's gewusst?*

Seltsamerweise ist die nördlichste Stadt Europas, Hammerfest in Norwegen, sehr viel bekannter als ihr Pendant im Süden, und nur die Wenigsten wissen, dass das Prädikat »Südlichste Stadt Europas« Hierapetra gebührt, der einzigen Hafenstadt an der Südküste der griechischen Insel Kreta.
Das stimmt nicht, kommt jetzt sofort der Einwand, auf Zypern liegen einige Städte wie Limassol oder Paphos noch weiter südlich! Das mag zwar richtig sein, nur gehört Zypern – geografisch, nicht politisch und kulturell gesehen – zu Kleinasien, also zu Asien und nicht zu Europa. Das gleiche gilt für die Städte auf den Kanarischen Inseln, die noch weiter im Süden liegen und politisch zu Spanien, geografisch aber zu Afrika gehören. Übrigens: Die südlichste Stadt des europäischen Fest- lands ist die spanische Stadt Tarifa an der Straße von Gibraltar.

 Welcher der bekannten, mit dem Auto befahrbaren Alpenpässe weist die höchste Steigung auf?

    ■ *Timmelsjoch*    ■ *Stilfser Joch*
    ■ *Malojapass*     ■ *Wurzenpass*

Nach dem Tod von Präsident Tito begannen in Jugoslawien, das zuvor als Musterbeispiel eines Vielvölkerstaats gegolten hatte, alte nationale Differenzen wieder aufzuleben, und ab 1991 begann die Bundesrepublik Jugoslawien auseinanderzufallen. Aus wie vielen Teilrepubliken bestand Jugoslawien vor 1991, und wie viele souveräne Staaten waren 20 Jahre später daraus hervorgegangen?

 Das Périgord ist eine Region in Frankreich, die unter anderem für ihre Küche bekannt ist, wiewohl das in Frankreich für viele andere Regionen ebenfalls gilt. Wo aber liegt das Périgord genau?

- *südwestlich von der Auvergne*
- *nördlich vom Languedoc*
- *östlich vom Bordelais*
- *nordwestlich von der Gascogne*

 Die Ardennen, ein bis knapp 700 m hohes Mittelgebirge, stellen die westlichen Ausläufer des Rheinischen Schiefergebirges dar. Welche westeuropäischen Länder haben Anteil an den Ardennen?

- *Belgien*
- *Niederlande*
- *Luxemburg*
- *Frankreich*

 Können Sie die Länder, die in der Europarangliste die sechs Plätze hinter Deutschland einnehmen, der Größe nach ordnen?

- *Großbritannien*
- *Polen*
- *Rumänien*
- *Finnland*
- *Norwegen*
- *Italien*

**57** Die Rand- und Nebenmeere des Atlantischen Ozeans können sich im Salzgehalt deutlich von dem des offenen Ozeans unterscheiden. In welchem der europäischen Meere ist er am geringsten, in welchem am höchsten?

- *Nordsee*
- *Mittelmeer*
- *Ostsee*

**58** Ungarn hat sieben Nachbarstaaten. Können Sie alle sieben benennen?

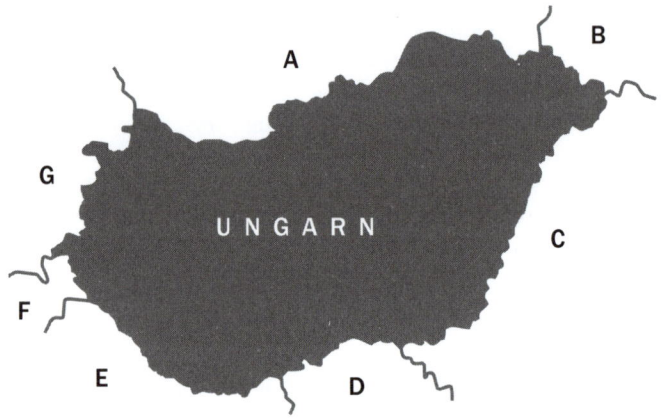

**59** Die Balkanhalbinsel, oft kurz auch nur als Balkan bezeichnet, ist eine Großregion in Südosteuropa, deren Namen sich vom Balkangebirge ableitet. In welchem Land liegt dieses Gebirge?

- *Albanien*
- *Bulgarien*
- *Rumänien*
- *Montenegro*

In Europa gibt es historische Landschaften, deren Namen Sie bestimmt schon einmal gehört haben dürften, beispielsweise

**1** *Bessarabien,*
**2** *Galicien*
**3** *oder Karelien.*

Aber in welchen drei der sechs Ihnen zur Auswahl gestellten Länder liegen diese Landschaften?

**a** *Polen*
**b** *Moldawien*
**c** *Finnland*
**d** *Russland*
**e** *Spanien*
**f** *Bulgarien*

 Angaben zur Küstenlänge eines Landes sind insofern problematisch, als es bei deren Ermittlung wegen der meist sehr unregelmäßigen Küstenform auf den Maßstab ankommt – je größer der Maßstab bei der Bestimmung ist, desto größer wird die Länge. Mit dem gleichen Verfahren bestimmte Küstenlängen verschiedener Länder lassen sich aber durchaus miteinander vergleich. Welches der Länder hat die längste Küste?

 *Frankreich*   *Dänemark*
*Spanien*  *Schweden*

 Drei der vier am dichtesten besiedelten Staaten der Erde liegen in Europa. Welches der genannten Länder gehört nicht dazu?

*Malta*  *Monaco*
*San Marino*  *Vatikanstadt*

Monaco ist das Land mit der größten Bevölkerungsdichte weltweit. Aber nicht alle seine Einwohner sind Monegassen, also Staatsbürger von Monaco. Auf wie hoch schätzen Sie deren Anteil?

- *19 %*
- *22 %*
- *28 %*
- *31 %*

 Welche drei der folgenden sechs Städte mit französischem Namen liegen auch tatsächlich in Frankreich?

- *Valence*
- *Charleroi*
- *Grenoble*
- *Aix-la-Chapelle*
- *Nyon*
- *Amiens*

**»Ich bin dann mal weg«**

Seit Hape Kerkelings Buch ist der Jakobsweg nach Santiago de Compostela in aller Munde. Doch einen Jakobsweg gibt es nicht nur in Spanien. Ganz Mittel-, West- und Südeuropa ist von einem Wegenetz durchzogen, das die Pilger zum Anfangspunkt des »Camino Francés«, der Hauptroute des Jacobswegs, in Jaca bzw. Roncesvalles in den Pyrenäen führte. Bereits 1987 hatte der Europarat die alten, teilweise aus dem Mittelalter stammenden Wege der Jakobspilger in ganz Europa zur europäischen Kulturroute erhoben und zu ihrer Neubelebung aufgerufen. Zu den ehemals bedeutendsten Pilgerrouten in Deutschland, deren regionaler Verlauf in den letzten Jahren erforscht und neu ausgewiesen wurde, zählen unter anderem die Jakobswege von Köln nach Trier sowie von Rothenburg ob der Tauber über Rottenburg am Neckar nach Thann im Elsass.

Die portugiesische Hauptstadt, im Deutschen Lissabon genannt, wird in den Sprachen

    **1** *Englisch,*
    **2** *Französisch,*
    **3** *Italienisch*
    **4** *und Spanisch*

anders bezeichnet, nämlich

    **a** *Lisbonne,*
    **b** *Lisbona,*
    **c** *Lisboa*
    **d** *oder Lisbon.*

In welchen der Sprachen wird Lissabon wie bezeichnet?

 Wie heißt die an ihren schmalsten Stelle nur 3 km breite Meerenge, welche die Insel Sizilien vom italienischen Festland trennt?

    ■ *Sizilische Straße*    ■ *Straße von Messina*
    ■ *Straße von Otranto*    ■ *Straße von Bonifazio*

 Können Sie von den vier namentlich mehr oder weniger bekannten südosteuropäischen Regionen

    **1** *Walachei,*
    **2** *Transsylvanien,*
    **3** *Slawonien*
    **4** *und Dobdrudscha*

sagen, in welchem der Länder

    **a** *Ungarn,*
    **b** *Rumänien,*
    **c** *Montenergo*
    **d** *oder Kroatien.*

sie jeweils zu finden sind?

Bei Bikoloren – Flaggen mit zwei Farbstreifen – zählt die Farbkombination Rot-Weiß oder Weiß-Rot zu den häufigsten. Bei den
Flaggen der österreichischen Bundesländer und der Schweizer
Kantone ist diese Kombination besonders beliebt, denn
bekanntlich sind die Farben Rot und Weiß die Landesfarben der
beiden Alpenländer.

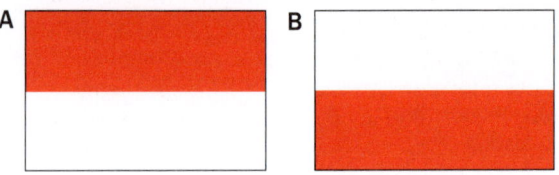

Welche der Bundesländer bzw. welche der Kantone haben die
Variante A, welche die Variante B als Flagge? (Damit die Frage
nicht zu leicht zu beantworten ist, sind im Beispiel die Flaggen-
formate einheitlich abgebildet.)

- *Oberösterreich*
- *Salzburg*
- *Solothurn*
- *Tirol*
- *Vorarlberg*
- *Wien*

 Zu mehreren Staaten Europas gehören Inseln oder Inselgruppen,
die nicht in unmittelbarer Nähe dieser Länder liegen, so zum
Beispiel

- *Aruba – Niederlande,*
- *Réunion – Frankreich,*
- *Spitzbergen – Dänemark*
- *und Madeira – Portugal.*

Eine dieser aufgeführten Insel-Staat-Beziehungen unterscheidet
sich jedoch von den anderen drei, und zwar gleich in zweifacher
Hinsicht.

# 3 Die Welt

An sich sollte dieses dritte und letzte Kapitel mit »Der Rest der Welt« überschrieben sein, aber weil sich das anhören könnte, als handele es sich dabei um etwas übrig Gebliebenes oder Unbedeutendes, das man neben Deutschland und Europa der Vollständigkeit halber nicht unterschlagen darf, hat es die Überschrift bekommen, die es hat. Dabei umfasst das, was unter Deutschland und Europa thematisch bisher abgehandelt wurde, gerade mal sieben Prozent des Festlandes unseres Planeten. Sie können also versichert sein, dass es auch zu den übrigen Kontinenten eine Vielzahl von kniffligen Fragen, strittigen Punkten und merkwürdigen Besonderheiten gibt.

 Sämtliche Berge der Erde, die höher als 7 000 Meter sind, liegen in Asien. Insofern ist es nicht verwunderlich, dass das asiatische Festland mit einer mittleren Höhe von 950 Metern der am höchsten gelegene aller Kontinente ist.
Welches aber ist der im Mittel am tiefsten gelegene Kontinent?

    ■ *Afrika*      ■ *Antarktis*
    ■ *Australien*  ■ *Europa*

 Auch wenn die Erdoberfläche Höhenunterschiede von mehreren Kilometern aufweist, ist die Erde im Verhältnis zu ihrer Größe so glatt wie eine Billardkugel. Dennoch ist sie keine ideale Kugel, sondern ein Rotationsellipsoid. Hervorgerufen durch die Erddrehung ist sie an den Polen etwas flacher, am Äquator dafür ein wenig bauchiger. Am Äquator hat sie einen Radius von 6 378,2 km, vom Erdmittelpunkt zum Nordpol von nur 6 356,8 km.
Wie groß ist die Entfernung vom Südpol zum Erdmittelpunkt?

**3** Das japanische Inselreich besteht aus fast 4 000 Inseln, die sich vor der Küste von Ostasien in einem 2 500 km langen Bogen erstrecken. Mehr als 99 % der Landfläche Japans wird dabei von den vier Hauptinseln eingenommen. Welche der genannten Inseln zählt nicht zu den japanischen Hauptinseln?

  ▪ *Honshū*          ▪ *Okinawa*
  ▪ *Shikoku*         ▪ *Hokkaidō*

**4** Die Bilder stellen (im selben Maßstab) die Umrisse von Staaten der Region Naher/Mittlerer Osten dar, und zwar von

  ▪ *Afghanistan,*       ▪ *Pakistan,*
  ▪ *Saudi-Arabien*      ▪ *und Iran.*

Ihre Aufgabe sei es nun, die Umrisse A bis D den vier Staaten zuzuordnen.

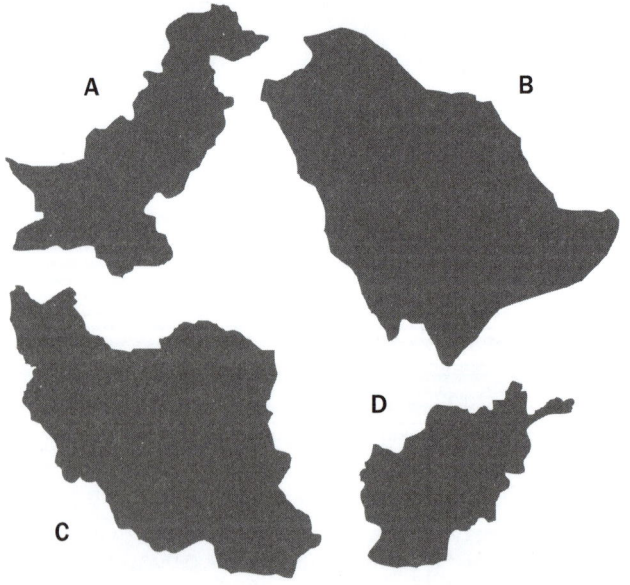

**5** Und da wir schon gerade bei Afghanistan, Iran und Pakistan sind: Können sie die Sprachen

    **a** *Paschtu,*
    **b** *Urdu,*
    **c** *Farsi*
    **d** *und Dari,*

bei denen es sich jeweils um Amtssprachen und nicht etwa um exotische Dialekte handelt, diesen Ländern zuordnen?

**6** Der staatenreichste Kontinent mit derzeit 54 unabhängigen Ländern ist Afrika. Alle diese Länder aus dem Kopf zusammen-zubekommen ist sicher sehr schwierig, aber herauszufinden, welche der genannten Länder in Afrika liegen und welche nicht, dürfte machbar sein.

    ☐ *Benin*      ☐ *Burundi*
    ☐ *Belize*      ☐ *Burkina Faso*
    ☐ *Botswana*      ☐ *Brunei*

**7** Bis weit ins 20. Jahrhundert hinein war Afrika fast völlig unter den europäischen Mächten aufgeteilt, nahezu alle inzwischen unabhängigen Staaten waren Kolonien von Großbritannien und Frankreich, von Spanien, Portugal oder Belgien. Nach ihrer Un-abhängigkeit legten viele Staaten den Namen ab, den sie in der Kolonialzeit erhalten hatten.
Können Sie aus der folgenden Liste die früheren Namen von Benin und Burkina Faso herausfinden?

    ☐ *Basutoland*
    ☐ *Dahomey*
    ☐ *Obervolta*
    ☐ *Rhodesien*
    ☐ *Tanganjika*

**Bekanntlich gibt es fünf Kontinente. Nicht wahr?**

Nicht wahr! Es gibt sieben, und zwar Europa, Asien, Afrika, Australien, die Antarktis (Antarktika) sowie Nordamerika und Südamerika. Aus kulturhistorischen Gründen wird Amerika zwar vielfach als ein Kontinent angesehen, doch geografisch und geologisch gesehen handelt es sich um zwei Kontinente. Südamerika ist ein Bruchstück des ehemaligen Südkontinents Gondwana, während Nordamerika Teil des Nordkontinents Laurasia war. Beide entwickelten sich rund 150 Millionen Jahre getrennt voneinander, bevor durch die Entstehung des Isthmus von Panama vor etwa drei bis vier Millionen Jahren eine Landbrücke zwischen Nord- und Südamerika entstand.

**8** Mit einer Fläche von 538 km$^2$ ist der Bodensee der größte deutsche See und wird deswegen auch das »Schwäbische Meer« genannt, wenngleich ihn Deutschland sich mit Österreich und der Schweiz teilen muss. Im internationalen Vergleich ist der Bodensee, was seine Größe betrifft, jedoch kaum mehr als eine Pfütze.
Doch welches ist eigentlich der größte See der Erde?

■ *der Baikalsee*
■ *das Kaspische Meer*
■ *der Obere See*

**9** Bismarck und Lincoln sind allseits bekannte Namen und sicher ist Darwin ebenso jedem ein Begriff; nur bei Montgomery muss man unter Umständen ein wenig länger überlegen. Eines eint diese vier Namen, auch wenn einer davon nicht ganz zu den übrigen drei passt.
Was haben Bismarck, Darwin, Lincoln und Montgomery gemeinsam, und welcher dieser vier Namen fällt weswegen aus der Reihe?

 Brasilien ist das größte Land Südamerikas. Lediglich mit zwei der insgesamt dreizehn südamerikanischen Länder hat Brasilien keine gemeinsame Grenze. Eines davon ist Chile. Welches ist das andere?

■ *Surinam*  ■ *Paraguay*
■ *Ecuador*  ■ *Guyana*

Während im alten Europa Löwe und Adler als Wappentiere kaum Konkurrenz haben, haben manche jüngere Staaten der Neuen Welt sich Vertreter der landestypischen Fauna zu Wappentieren erkoren, so

■ *Australien den Emu,*
■ *Botswana das Zebra,*
■ *Neuseeland den Kiwi,*
■ *Peru das Vikunja*
■ *und Eritrea das Dromedar.*

In einem der Fälle wollen wir Sie jedoch aufs Glatteis führen. Bei welchem Land ist das angegebene Tier kein Wappentier?

 Mit einer Pfingstinsel können wir nicht dienen, dafür aber mit einer Osterinsel und sogar mit gleich zwei Weihnachtsinseln. Die Osterinsel gehört politisch zu Chile und liegt 3 500 km von der südamerikanischen Küste entfernt im südöstlichen Pazifik. Aber wo liegen die Weihnachtsinseln?
*Tipp!* Die beiden Weihnachtsinseln liegen nicht im selben Ozean.

■ *Südpolarmeer*
■ *östlicher Indischer Ozean*
■ *Karibisches Meer*
■ *westlicher Pazifik*
■ *südlicher Atlantik*

**13** Der Union Jack ist die Flagge Großbritanniens, doch zeigen auch mehrere andere Staaten ihn in der Gösch, der dem Flaggenstock zugewandten oberen Ecke der Flagge. Bei welchen der Länder ist der Union Jack Bestandteil der Staatsflagge?

- *Australien*
- *Bahamas*
- *Fischi*
- *Kanada*
- *Neuseeland*
- *Tuvalu*

**14** Welcher mittelamerikanische Staat hat keinen Anteil an der Küste des Karibischen Meeres?

- *Guatemala*
- *El Salvador*
- *Belize*
- *Honduras*

**15** Die Amerikaner wollten sie zunächst gar nicht haben, die Freiheitsstatue. Denn um das Geschenk der französischen Regierung aufstellen zu können, war ein Sockel nötig, den die USA selbst bezahlen mussten, und das Geld dafür konnte erst durch eine mühsame Sammelaktion aufgebracht werden.
In welcher Stadt steht die weltberühmte Freiheitsstatue?

- *in Jersey City (N. J.)*
- *in New York (N. Y.)*
- *in Washington (D. C.)*

**16** Durch welchen See verläuft die Grenze zwischen Uganda und der Demokratischen Republik Kongo?

- *Albertsee*
- *Eduardsee*
- *Rudolfsee*
- *Victoriasee*

Das Balkangebirge in Bulgarien wurde Namen gebend für den gesamten südosteuropäischen Raum, und so werden die Länder Albanien, Makedonien, Bulgarien und Griechenland kurz als Balkan bezeichnet.

Auch für die Länder des östlichen Mittelmeerraums gibt es eine derartige pauschale Bezeichnung. Wie heißt diese?

- *Maghreb*
- *Levante*
- *Algarve*

 In diesem Kreuzwortdiagramm sind zwölf Gebirge versteckt, auf die bekannte Manier waagerecht, senkrecht oder diagonal und von oben nach unten oder rechts nach links bzw. umgekehrt zu lesen.

| V | A | S | L | S | U | R | U | A | T | N |
|---|---|---|---|---|---|---|---|---|---|---|
| H | C | S | U | K | U | D | N | I | H | M |
| E | T | T | R | S | I | T | E | C | R | U |
| R | I | M | A | P | A | N | R | S | A | R |
| D | A | T | L | A | S | K | D | I | C | O |
| P | N | U | B | C | E | I | U | S | N | K |
| N | D | Y | H | I | M | A | L | A | J | A |
| M | E | A | H | V | W | T | B | T | K | R |
| E | N | E | H | C | A | L | A | P | P | A |
| G | G | D | N | E | R | A | O | G | T | K |

 Die Wasserfälle des Sambesi bei Livingstone im Südosten Afrikas gehören zu den imposantesten der Erde. Wie heißen sie?

- *Livingstonefälle*
- *Victoriafälle*
- *Iguaçufälle*

**20** Die Erde hat bekanntlich vier Pole, zwei geografische und zwei magnetische. Welcher von diesen wurde als erster und welcher als letzter von einem Menschen erreicht?

■ *nördlicher magnetischer Pol*
■ *geografischer Nordpol*
■ *südlicher magnetischer Pol*
■ *geografischer Südpol*

**21** Welche europäische Stadt liegt ungefähr auf dem gleichen Breitengrad wie das kalifornische Los Angeles?

■ *Paris*          ■ *Madrid*
■ *Athen*          ■ *keine davon*

**22** Die Inselkette von Hawaii besteht aus insgesamt 137 Inseln, doch sind davon nur vier größer als 1 000 km$^2$, und zwar

■ *Oahu,*
■ *Maui,*
■ *Kauai*
■ *und Hawaii selbst.*

Können Sie die vier Inseln sowohl ihrer Größe nach als auch ihrer Ost-West-Abfolge nach ordnen?

**23** Der amerikanische Bundesstaat Michigan liegt, wie sein Name bereits vermuten lässt, am Michigansee. Daneben hat er aber Anteil an drei weiteren der insgesamt fünf Großen Seen Nordamerikas. Welcher gehört nicht dazu?

■ *Ontariosee*      ■ *Eriesee*
■ *Huronsee*        ■ *Oberer See*

**HOMES**

Diese Eselsbrücke stammt aus den USA. Als Akronym, zugleich Plural von engl. home = Zuhause, Heimat, soll sie den Amerikanern helfen, die Namen der fünf Großen Seen Nordamerikas zu memorieren: Lake Huron (59 600 km² groß; zum Vergleich – der Bodensee bringt es auf 538 km²), Lake Ontario (mit 18 500 km² der kleinste der fünf Großen Seen), Lake Michigan (58 000 km²), Lake Erie (25 700 km²) und Lake Superior (82 400 km²).

Wer sich mit einer deutschen Eselsbrücke die fünf Großen Seen in ihrer Abfolge von West nach Ost merken will, kann sich an folgenden Merksatz halten:

**Oma macht heute einen Obstkuchen**

Oma steht für den Oberen See, wie der Lake Superior im Deutschen heißt. Es folgen Michigansee, Huronsee, Eriesee und Ontariosee.

 **24** An den Großen Seen liegen bekannte und bedeutende nordamerikanische Städte, etwa

▪ *Chicago am Ontariosee,*
▪ *Toronto am Eriesee*
▪ *oder Cleveland am Michigansee.*

Allerdings ist bei dieser Zuordnung etwas danebengegangen, und zwar völlig. Können Sie den Städten die richtigen Seen, an denen sie liegen, zuordnen?

 **25** Die Namen der Republiken Kabardino-Balkarien, Dagestan oder Karatschai-Tscherkessien sind dem Mitteleuropäer nicht unbedingt geläufig. Aber wissen könnte er schon, in welchem Gebirge sie finden sind.

▪ *Kopet-Dag*    ▪ *Kaukasus*
▪ *Karakorum*    ▪ *Karpaten*

Es kommt nicht selten vor, dass Staaten einen Namen führen, der von ihrer Eigenbezeichnung abweicht. Als Beispiel hierfür seien die arabischen Länder

   **1** *Ägypten,*
   **2** *Algerien,*
   **3** *Jordanien*
   **4** *und Marokko*

genannt. Können Sie diesen Ländern ihre Eigenbezeichnungen

   **a** *al-Urdun,*
   **b** *Miṣr,*
   **c** *al-Maghrib*
   **d** *und al-Djazaïr*

zuordnen?

 Auf bundesdeutschen Autobahnen dürfte man sie so gut wie nie sehen, Kraftfahrzeuge mit außereuropäischen Nationalitätskennzeichen wie

| | | |
|---|---|---|
| ▨ *CL,* | ▨ *YV,* | ▨ *ROU,* |
| ▨ *GCA,* | ▨ *DZ* | ▨ *oder ZW.* |

Obwohl die Kenntnis dieser Kennzeichen in der Regel nur beim Lösen von Kreuzworträtseln nützlich ist, wollen wir dennoch fragen, ob Sie diese nicht vielleicht doch ihren Herkunftsländern

| | | |
|---|---|---|
| ▨ *Uruguay,* | ▨ *Algerien,* | ▨ *Simbabwe,* |
| ▨ *Venezuela,* | ▨ *Guatemala* | ▨ *und Sri Lanka* |

zuordnen können.

 In knapp einem Drittel der Staaten der Erde wird auf der falschen Seite gefahren, nämlich links. In welchen der sechs Länder aus der vorigen Frage gilt Linksverkehr?
*Tipp!* Von wenigen Ausnahmen abgesehen sind Länder mit Linksverkehr ehemalige britische Kolonien.

**29** Unter Mesopotamien, dem biblischen Zweistromland, versteht man im Allgemeinen das Gebiet zwischen den ostiranischen Gebirgen und der syrisch-arabischen Wüste. Im engeren Sinne bezeichnet Mesopotamien jedoch nur die Landschaft im heutigen Irak zwischen den Strömen Euphrat und Tigris.
Welcher von den beiden Flüssen mündet in den Persischen Golf?

  *Euphrat*   *Tigris*
  *keiner*    *beide*

**30** Das Bild zeigt vier bekannte Inseln, die allerdings in unterschiedlichem Maßstab dargestellt sind – die größte von ihnen ist mehr als zehnmal größer als die kleinste. Versuchen Sie, die Inseln anhand ihrer Umrisse zu identifizieren, und, wenn Ihnen das gelungen ist, sie der Große nach zu ordnen.

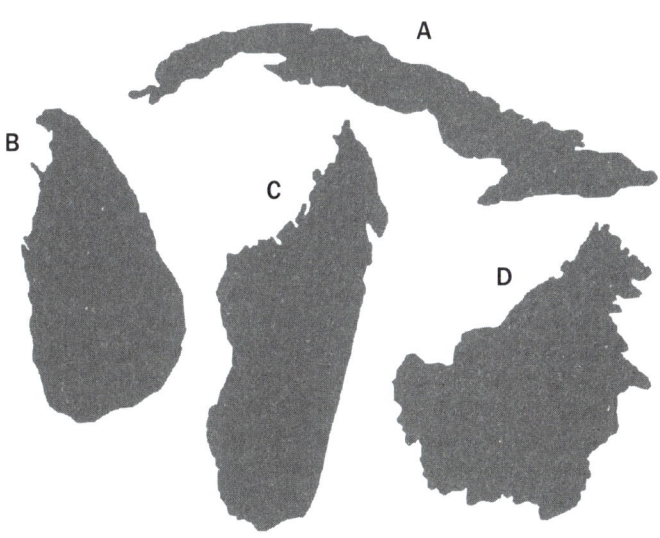

Nicht immer ist die größte oder die bekannteste Stadt eines Landes auch dessen Hauptstadt oder der Sitz der Regierung. Das trifft auf einige Bundesländer Deutschlands zu, etwa auf Hessen oder Nordrhein-Westfalen, und ist bei den Bundesstaaten der USA sogar die Regel. So ist die Hauptstadt des Staates New York nicht etwa New York (N. Y.), sondern ein »Städtchen« namens Albany. Wissen Sie, welcher der amerikanischen Bundesstaaten

**1** *Florida,*
**2** *Alaska,*
**3** *Louisiana*
**4** *und Illinois*

welche der Städte

**a** *Baton Rouge,*
**b** *Tallahassee,*
**c** *Springfield*
**d** *und Juneau*

zur Hauptstadt hat?

 Der Niger ist der drittlängste Fluss Afrikas. Er entspringt im westafrikanischen Guinea, durchfließt vier weitere Länder, um nach rund 4 180 km schließlich in den Golf von Guinea zu münden. Durch welches Land fließt der Niger nicht?

  ◻ *Nigeria*    ◻ *Elfenbeinküste*
  ◻ *Mali*    ◻ *Niger*

 Wie die Antwort zur vorigen Frage nahe legt, grenzt der Staat Niger an Mali, Benin und Nigeria. Doch hat Niger noch vier weitere Nachbarn. Welches Land zählt nicht dazu?

  ◻ *Kamerun*    ◻ *Algerien*
  ◻ *Tschad*    ◻ *Libyen*

**34** In ein paar Jahren wird man die Frage nach den Anrainerstaaten des Aralsees nicht mehr stellen können. Vor 50 Jahren noch der viertgrößte See der Erde, begann er seit etwa 1960 auszutrocknen, und 2020 wird es ihn vermutlich nicht mehr geben. Also hurtig! Welches sind die Anrainerstaaten des Aralsees?

▪ *Usbekistan*    ▪ *Russland*
▪ *Kasachstan*    ▪ *Turkmenistan*

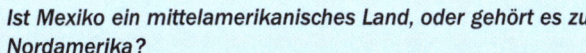

***Ist Mexiko ein mittelamerikanisches Land, oder gehört es zu Nordamerika?***

Nordamerika und Südamerika sind ein Doppelkontinent; das, was dazwischen liegt, nennt man Mittel- oder Zentralamerika. Die Grenzen sind geografisch-geologischer Natur, und so gesehen gehört Mexiko zu Nordamerika. Um der Gerechtigkeit aber genüge zu tun: Sein südlicher Teil mit den Bundesstaaten Chiapas, Tabasco, Yucatán, Campeche und Quintana Roo ist tatsächlich Teil Mittelamerikas.
Dass Mexiko bei uns aber fast immer als mittelamerikanisches Land angesehen wird, obwohl Mexiko neben den USA und Kanada schließlich ja auch Mitglied der NAFTA – des Nordamerikanischen Freihandelsabkommens – ist, liegt an seiner kulturgeschichtlichen und sprachlichen Zugehörigkeit zu Lateinamerika, das ansonsten das gesamte Mittel- und Südamerika sowie die karibischen Inseln umfasst.

**35** Wie heißt die Meeresstraße, welche die beiden Hauptinseln Neuseelands, die Nord- und die Südinsel, trennt?

▪ *Cook-Straße*
▪ *Bass-Straße*
▪ *Torresstraße*

**36** Hier kommt eine Frage für den sparsamen Schwaben: Die folgenden drei Flaggen können beim Internationalen Wettangelturnier im Neckar gleich für die Sieger aus sechs Ländern – die Elfenbeinküste, Guinea, Irland, Indonesien, Mali und Polen – gehisst werden. Man muss sie jeweils nur horizontal oder vertikal spiegeln.

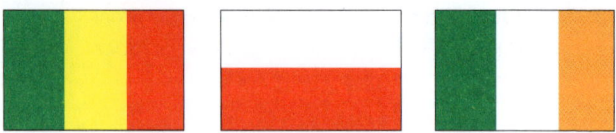

Zu welchen drei der Staaten gehören die gezeigten Flaggen, und bei welchen drei muss man sie spiegeln?

**37** Ozeanische Inseln können auf verschiedene Art entstanden sein, wobei eine vulkanische Entstehung die wohl häufigste ist. Welche der Inselgruppen ist nicht vulkanischen Ursprungs?

- *Kapverden*
- *Komoren*
- *Seychellen*
- *Malediven*

**38** Derzeit werden 15 Millionen Quadratkilometer, ziemlich genau zehn Prozent der gesamten Landfläche der Erde, von Gletschern oder von Inlandeis eingenommen, und noch immer sind die Antarktis und Grönland fast vollständig vergletschert. Hier ist der überwiegende Teil des gesamten Süßwasservorrats der Erde, nämlich rund 75 Prozent, als Eis gespeichert.
Doch nicht nur im hohen Norden oder im tiefen Süden finden sich Gletscher, es gibt sie, mit einer Ausnahme, auf allen Kontinenten. Wo gibt es keine Gletscher,

- *in Afrika,*
- *in Australien*
- *oder in Südamerika?*

**39** Zwar bestimmen die Einflüsse der Gezeiten und jahreszeitlichen Schwankungen die Höhe des Meeresspiegels, doch ist er im jahrelangen Mittel konstant, sodass er als Bezugsniveau für Höhenangaben dienen kann. Es gibt nun allerdings Meere, deren Wasseroberfläche unter Normalnull, dem mittleren Meeresspiegel, liegen. Welche der folgenden Meere zählen dazu?

- *Totes Meer*
- *Rotes Meer*
- *Kaspisches Meer*
- *Schwarzes Meer*

**40** Den tiefstgelegenen See haben wir in der vorigen Frage kennengelernt, jene nach dem höchstgelegenen See der Erde ist dagegen wohl nicht endgültig zu beantworten, da nirgendwo so genau definiert ist, ab welcher Größe eine Pfütze zum Teich oder ein Weiher zum See werden.
Unter den drei folgend genannten Seen liegt einer aber ohne Zweifel am höchsten. Ist es

- *der Maracaibosee (Venezuela),*
- *der Titicacasee (Bolivien/Peru)*
- *oder der Koko Nor (China)?*

**41** In welchem Meer sind die Westindischen Inseln zu finden?

- *Indischer Ozean*
- *Arabisches Meer*
- *Karibisches Meer*
- *Atlantischer Ozean*

**42** Die Kleinen Antillen bestehen aus über 50 Inseln. Welche der nachfolgend genannten Inseln sind unabhängige Staaten?

- *Grenada*
- *Curaçao*
- *Saint Lucia*
- *Martinique*
- *Barbados*
- *Dominica*

*Der Mount Everest ist der höchste Berg der Erde.*

Mit einer Höhe von 8848 m ist der Mount Everest in der Tat der höchste Berg der Erde, sofern man sich den Meeresspiegel als Bezugsbasis auserkoren hat. Allerdings ist der Meeresspiegel als Bezugsgröße etwas problematisch, da seine Höhe zeitlich und örtlich stark variiert: So lag er während der Eiszeit zeitweise mehr als 100 m unter seinem heutigen Niveau, und auch gegenwärtig gibt es lokale Abweichungen in der Größenordnung von hundert Metern. Letztendlich ändert sich dadurch am Status des Mount Everest aber nichts, denn von Schwankungen des Meeresspiegels sind seine Mitstreiter um Platz 1 der Weltrangliste in gleichem Ausmaß betroffen.

Anders sieht es jedoch aus, wenn man den Abstand vom Erdmittelpunkt zur Spitze eines Berges als Maß für seine Höhe wählt. In diesem Fall ist der in Ecuador nahe am Äquator gelegene Chimborazo der höchste Berg der Erde; er ist mehr als 2000 m weiter vom Erdmittelpunkt entfernt als der Mount Everest, der bei rund 28 Grad nördlicher Breite liegt. Die Ursache hierfür ist in der Abplattung der Erde an den Polen begründet: Am Äquator ist der Meeresspiegel um mehr als 21 km weiter vom Erdmittelpunkt entfernt als an den Polen.

 **43** Der Liga der Arabischen Staaten, die 1945 als loser Zusammenschluss von Ägypten, Irak, Jemen, Jordanien, Libanon, Saudi-Arabien und Syrien gegründet wurde, gehören heute 21 arabische Staaten sowie das durch die PLO vertretene Palästina an. Acht dieser Staaten sind Monarchien, die übrigen haben eine republikanische Staatsform.

Welche der genannten Mitgliedstaaten der Arabischen Liga sind Monarchien?

- *Jordanien*
- *Komoren*
- *Mauretanien*
- *Jemen*
- *Marokko*
- *Oman*

**44** Ankara, die Hauptstadt der Türkei, liegt ziemlich genau auf dem 40. Breitengrad (genau genommen sind es 39 Grad und 55 Minuten nördlicher Breite). Auf gleicher geografischen Breite liegen noch zahlreiche andere bekannte Großstädte, darunter

- *Peking,*
- *Madrid,*
- *Philadelphia*
- *und Tokio.*

Doch ein Kuckucksei haben wir unter die vier Städte geschmuggelt. Welche liegt nicht auf dem 40. Breitengrad?

**45** Einige islamische Staaten führen in ihren Flaggen die Symbole Halbmond und Stern, beispielsweise Pakistan, Tunesien, die Türkei oder Mauretanien. Welches Land hat welche Flagge?

- *weißer Halbmond und Stern auf rotem Grund*
- *gelber Halbmond und Stern auf grünem Grund*
- *roter Halbmond und Stern auf weißem Grund*
- *weißer Halbmond und Stern auf grünem Grund*

**46** Der Nil ist der längste Strom Afrikas und einer der bekanntesten der Erde. In der Antike galt es als unlösbare Aufgabe, seine Quellen zu erreichen. Die systematische wissenschaftliche Erforschung des Nils begann im 18. Jahrhundert, und inzwischen sind die Nilquellen bekannt: Seine Quellflüsse entspringen in Schwarzafrika in der Nähe des Äquators bzw. im Hochland von Äthiopien. Welche der genannten Flüsse sind keine Quellflüsse des Nils?

- *Blauer Nil*        *Victoria-Nil*
- *Albert-Nil*        *Kagera-Nil*

**47** Weiße Flecken auf unseren Landkarten sollte es nicht mehr geben und Entdeckungsreisen in unerforschte Regionen unseres Planeten der Geschichte angehören. Könnte man meinen. Aber die Quelle eines der größten Flüsse der Erde konnte erst in jüngster Vergangenheit lokalisiert werden – im Jahre 1995. Wie heißt dieser Fluss?

- *Amazonas*
- *Mekong*
- *Orinoco*

**48** In unserem Buchstabenverhau haben wir dieses Mal Flüsse versteckt, und zwar die 14 längsten der Erde. Für diese Anzahl haben wir uns entschieden, damit wenigstens ein europäischer Strom mit dabei ist. Aber Vorsicht – manche der Flussnamen sind ziemlich kurz und nur schwer als solche zu identifizieren. Wie immer gilt: Die Namen sind waagerecht, senkrecht oder diagonal und von oben nach unten oder rechts nach links bzw. umgekehrt zu lesen.

| M | V | A | N | I | L | L | E | T | S | T | A | A |
|---|---|---|---|---|---|---|---|---|---|---|---|---|
| M | O | B | L | O | E | E | H | A | K | C | O | M |
| T | G | E | I | T | C | S | N | K | C | R | I | U |
| H | N | U | L | E | H | O | S | A | D | S | Z | R |
| W | O | L | G | A | Z | K | G | I | S | A | S | D |
| A | K | U | O | A | J | N | A | I | N | U | N | T |
| N | E | X | M | G | O | D | S | R | M | E | D | O |
| G | N | A | I | K | E | S | T | G | N | A | J | W |
| H | O | S | E | M | I | I | E | A | I | R | R | A |
| O | S | M | E | P | D | S | R | G | G | E | U | O |
| P | N | L | P | A | R | A | N | A | R | D | E | L |
| M | V | I | S | S | A | B | O | L | R | X | 3 | B |

**49** Von den 14 Flüssen aus der vorigen Aufgabe haben wir acht ausgewählt und sie in der folgenden Abbildung im selben Maßstab dargestellt. Können Sie diese Flüsse anhand des Flusslaufs identifizieren? Die Buchstaben A bis H stehen jeweils an der Mündung des Flusses.

*Tipp!* Mit Ausnahme von E und H haben alle Flüsse eine Deltamündung.

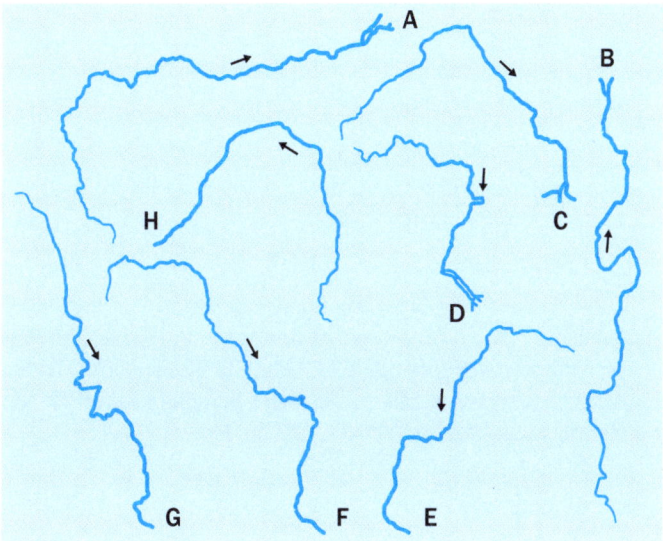

**50** Auch wenn die »Mutter aller Straßen« heute in keiner amerikanischen Straßenkarte mehr zu finden ist, so schlägt doch das Herz eines jeden Motorradfans höher, wenn er ihren Namen hört: Route 66. Durch acht amerikanische Bundesstaaten führt die legendäre Route 66 von Chicago nach Los Angeles. Welcher der Staaten zählt nicht dazu?

- *Missouri*
- *Arizona*
- *Nevada*
- *Texas*
- *Arkansas*
- *Oklahoma*

**51** Die Insel Kalimantan im Malaiischen Archipel ist die drittgrößte Insel der Erde und die größte der vier großen Sundainseln. Drei Staaten teilen sich die Insel, die mit einer Fläche von 754 770 km$^2$ mehr als doppelt so groß wie Deutschland ist.
Welcher Staat hat keinen Anteil an der Insel?

■ *Malaysia*　　■ *Papua-Neuguinea*
■ *Indonesien*　　■ *Brunei*

**52** Wie heißt die kalte, nach Norden gerichtete Meeresströmung vor der Ostküste Südamerikas?

■ *Humboldtstrom*
■ *Falklandstrom*
■ *Guayanastrom*

**53** Südamerika ist ein überschaubarer Kontinent. Nur 13 Länder teilen sich eine Fläche von fast der doppelten Größe Europas, und in Europa gibt es fast 50 Staaten. Insofern dürfte die Frage nicht allzu schwierig sein, welche der Sprachen keine Amtssprache eines südamerikanischen Staates ist.

■ *Portugiesisch*　　■ *Niederländisch*
■ *Spanisch*　　■ *Englisch*

**54** Im Gegensatz zu Europa und Asien hat sich in den letzten 20 Jahren die politische Landkarte Afrikas nur wenig verändert. Es sollte Ihnen also ein Leichtes sein, das größte Land Afrikas zu benennen. Ist es

■ *Algerien,*
■ *die Demokratische Republik Kongo*
■ *oder der Sudan?*

**55** Grönland ist die größte Insel der Erde. Das ist ein alter Hut, der allerdings so alt nun auch wieder nicht ist. Denn dass Grönland überhaupt eine Insel ist, wurde zwar lange vermutet, ist aber noch gar nicht allzu lange mit Sicherheit bekannt.
Seit wann weiß man, dass Grönland eine Insel ist,

    ■ *seit 1794,*
    ■ *seit 1855*
    ■ *oder seit 1901?*

**56** Welche der größten Städte in ihren Ländern sind gleichzeitig auch deren Hauptstädte?

    ■ *Jakarta*    ■ *Lagos*    ■ *São Paulo*
    ■ *Toronto*    ■ *Sydney*    ■ *Kairo*

*Wer ist länger, der Nil oder der Amazonas?*

Eigentlich sollte im Zeitalter der Satellitenbilder die Frage, ob der Nil oder der Amazonas der längste Fluss der Erde ist, schon längst geklärt sein. So einfach scheint eine Entscheidung dieser Streifrage aber doch nicht zu sein. In den letzten Jahren ist jedoch der Nil Favorit auf den Titel des längsten Flusses, wenngleich die Längenangaben, je nach Berücksichtigung der Quellflüsse und nach Art und Alter des Nachschlagewerks, das man zurate zieht, für den Nil zwischen 6 500 und 6 850 km, die für den Amazonas zwischen 6 200 und 6 520 km variieren.
Allerdings glaubte 1996 ein internationales Forscherteam, die Quelle des Ucayali, einer der beiden Quellflüsse des Amazonas, in den Hochanden in der Nähe der peruanischen Stadt Arequipa gefunden zu haben. Auch wenn eine genaue Vermessung noch aussteht, vermuten die Wissenschaftler, dass aufgrund dieser Entdeckung der Amazonas wesentlich länger als bislang angenommen und möglicherweise länger als der Nil ist.

**57** Da der 180. Längengrad überwiegend durch den Pazifischen Ozean verläuft, hat man an ihn die Datumsgrenze gelegt, aus staatlich-territorialen Gründen allerdings mit einigen Einbuchtungen in östlicher oder westlicher Richtung. Wenn man die Datumsgrenze überschreitet, ändert sich das kalendarische Datum um einen Tag.

Die Frage ist nun: Wenn man von Ost nach West reist, also etwa von Amerika nach Asien, gelangt man dann beim Überschreiten der Datumsgrenze in den vorangegangenen oder in den nächsten Kalendertag?

**58** Wall Street und Broadway, Central Park und Times Square – beinahe alles, was einem spontan zu New York einfällt, befindet sich in Manhattan. Doch ist Manhattan nur einer und zudem der kleinste der fünf Stadtteile New Yorks. Drei der vier Orte sind Stadtteile von New York, einer nicht. Welcher zählt nicht dazu?

■ *Riverside* ■ *Queens*
■ *Bronx* ■ *Richmond*

**59** Neben Spanisch und Portugiesisch (abgesehen von Niederländisch, Englisch und Französisch) gibt es in Südamerika noch drei weitere Sprachen, die Amtssprachen sind, nämlich

1 *Aymara,*
2 *Guaraní*
3 *und Ketschua.*

Welche dieser Sprachen ist in welchem Staat Amtssprache?

a *Paraguay*
b *Peru*
c *Bolivien*

**60** Im Bild unten sind vier südamerikanische Staaten (im selben Maßstab) dargestellt. Können Sie die vier Länder an ihren Umrissen identifizieren?

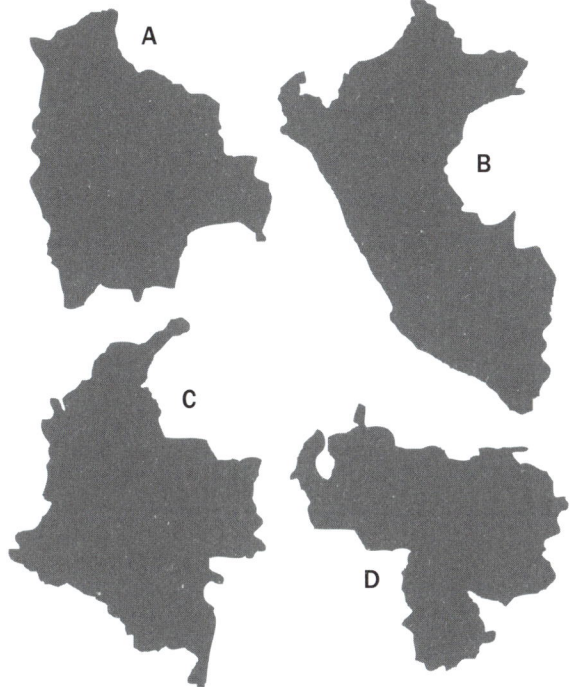

A
B
C
D

*Tipp!* Land A grenzt an Land B, B an Land C und C wiederum an Land D.

**61** Mit 2 140 km ist der Orinoco der viertlängste Fluss Südamerikas. Zwischen welchen beiden Staaten bildet er einen Teil der gemeinsamen Grenze?

◻ *Argentinien und Uruguay*
◻ *Kolumbien und Venezuela*
◻ *Paraguay und Brasilien*

**62** Wenn die Seefahrer auf ihrem Weg nach Indien das Kap der Guten Hoffnung mit seinen vorgelagerten Klippen, Untiefen und heftigen Stürmen heil umschifft hatten, hatten sie die größte Hürde genommen. Doch den südlichsten Punkt Afrikas hatten sie damit noch nicht erreicht. Wie heißt die Südspitze von Afrika?

- *Goldenes Horn*
- *Kap Froward*
- *Kap Agulhas*
- *Horn von Afrika*

**63** Ein Siebtel der Erdoberfläche ist heute von Wüsten bedeckt. Neben der Sahara und der Gobi gibt es eine Vielzahl kleinerer, aber nicht minder lebensfeindlicher Wüsten, etwa

**1** *die Karakum,*
**2** *die Lut*
**3** *oder die Atacama.*

In welchen Ländern liegen diese Wüsten?

**a** *Iran*
**b** *Turkmenistan*
**c** *Chile*

**64** Als im 19. und 20. Jahrhundert die letzten – im wahrsten Sinne des Wortes – weißen Flecke auf der Landkarte, nämlich die in der Antarktis, getilgt wurden, benannten die Entdecker die neu gefundenen Inseln, Berge, Küsten usw. oft nach prominenten Personen der damaligen Zeit. Das führte zu Namen wie

- *Rockefeller-Plateau,*
- *Victoria-Insel,*
- *Franz-Josef-Land*
- *Prinzregent-Luitpold-Küste,*
- *Mühlig-Hofmann-Gebirge,*
- *oder Prinz-Albert-Berge.*

Zwei dieser Namen sind allerdings nicht in der Antarktis zu finden, sondern andernorts. Welche sind es?

**65** Nationalflaggen sind üblicherweise rechteckig, wobei die Seitenverhältnisse von Land zu Land variieren, aber meist zwischen 1:2 und 3:4 liegen. Die Flaggen von drei Staaten weichen jedoch von dieser Regel ab – bei zweien sind sie quadratisch und bei einem hat die Flagge die Form eines Wimpels. Können Sie diese drei Staaten benennen?

**66** Wie heißt der Archipel, der die Halbinseln Alaska und Kamtschatka verbindet?

   ▦ *Alëuten*        ▦ *Nikobaren*
   ▦ *Marianen*       ▦ *Kurilen*

---

### MeGuSaHoNiCoPa

Was hier fast wie der Name einer exotischen Schmetterlingsart klingt, ist ein Kunstwort, in dem die ersten beiden Anfangsbuchstaben der zentralamerikanischen Staaten aneinandergereiht sind, und zwar der Reihenfolge von Nord nach Süd folgend: Mexiko, Guatemala, (El) Salvador, Honduras, Nicaragua, Costa Rica, Panama. Es fehlt jetzt nur noch eine Eselsbrücke, damit man sich den Merkspruch auch merken kann.

---

**67** Am 11. März 1990 erklärte Litauen als erste, am 16. Dezember 1991 Kasachstan als letzte sowjetische Unionsrepublik ihre staatliche Unabhängigkeit. Die Sowjetunion – vormals größtes Land der Erde – war in 15 Staaten zerfallen.
Welches Land ist seit der Auflösung der Sowjetunion das flächenmäßig größte Land der Erde?

   ▦ *Kanada*        ▦ *Russland*
   ▦ *China*         ▦ *Brasilien*

**68** Nach bekannten Städten in der Republik Südafrika befragt, fallen einem Kapstadt, Johannesburg und Pretoria, vielleicht auch noch Durban ein, womit man die größten und wichtigsten auch schon zusammen hätte. Doch welche dieser Städte ist

- *die Hauptstadt,*
- *der Regierungssitz,*
- *der Parlamentssitz*
- *und das wirtschaftliche Zentrum*

des Landes?

**69** Mehrere arabische Staaten führen als Nationalflagge eine rot-weiß-schwarze Trikolore, die auf die Arabische Befreiungsflagge zurückgeht. Zusammen mit Grün sind Rot, Weiß und Schwarz die panarabischen Farben. Die Flaggen in unserer Abbildung sind jene von Ägypten, vom Irak, vom Jemen und von Syrien. Doch welche Flagge gehört zu welchem Land?

**70** Welcher der drei längsten chinesischen Flüsse ist auch unter dem Namen »Gelber Fluss« bekannt?

- *Hwangho*
- *Xi Jiang*
- *Jangtsekiang*

**71** Auf der Erde gibt es 14 Achttausender, also Berge, die höher als achttausend Meter sind. Nicht alle von diesen liegen wie der 8 848 m hohe Chomolungma, besser bekannt als Mount Everest, im Himalaja. Welche der sechs Achttausender liegen nicht in diesem Gebirge?

- *Kangchendzönga*
- *Lhotse*
- *K2*
- *Annapurna I*
- *Gasherbrum II*
- *Nanga Parbat*

**72** Von den höchsten Höhen jetzt zu den tiefsten Tiefen: Am Rande der Ozeane, wo sich die schwerere ozeanische unter die leichtere kontinentale Erdkruste schiebt, bilden sich Tiefseegräben. In diesen lang gestreckten, rinnenförmigen Einsenkungen des Meeresbodens befinden sich die größten Meerestiefen.
In welchen der Tiefseegräben erreicht der Meeresboden Tiefen von mehr als 10 000 Meter?

- *Sundagraben*
- *Kermadecgraben*
- *Kurilen-Kamtschatka-Graben*
- *Atacamagraben*

**73** Die Antwort auf die Frage nach dem größten See in Afrika, der von der Fläche her gesehen immerhin der drittgrößte See der Erde ist, wäre sicher zu einfach. Deshalb fragen wir auch nach dem zweitgrößten See Afrikas.
Welcher aus der folgenden Auswahl ist es?

- *Albertsee*
- *Tschadsee*
- *Tanganjikasee*
- *Großer Sklavensee*
- *Njassasee*
- *Eyresee*

**74** Unter dem Begriff Ozeanien fasst man die mehr als 7 500 Inseln im Pazifischen Ozean zwischen Australien, den Philippinen und Amerika zusammen. Welche der Inselregionen zählt nicht zu Ozeanien?

- *Polynesien*
- *Indonesien*
- *Mikronesien*
- *Melanesien*

**75** Auf die portugiesischen Seefahrer, die im 15. Jahrhundert systematisch die Küste Westafrikas erforschten, gehen historische Namen von Küstenabschnitten wie

- *Sklavenküste,*
- *Pfefferküste*
- *oder Goldküste*

zurück. In welchen Ländern liegen diese Küstenabschnitte heute?

---

**!**

*Wetten, dass der Panamakanal in Nord-Süd-Richtung verläuft?*

Der Panamakanal durchsticht die mittelamerikanische Landbrücke, die Nord- und Südamerika verbindet und den Pazifischen Ozean im Westen vom Atlantischen Ozean im Osten trennt, und bildet einen Seeweg zwischen den beiden Ozeanen. Also verläuft er in Ost-West-Richtung, und folglich ist die Wette verloren.

Diese naheliegende Schlussfolgerung ist ebenso einfach wie falsch. Denn wenn man, vom Pazifik kommend, den Panamakanal passiert hat, befindet man sich bei der Ausfahrt sogar weiter westlich als bei der Einfahrt. Ein Blick in den Atlas schafft schnell Klarheit, warum: Der Kanal durchsticht den sich grob in Ost-West-Richtung erstreckenden Isthmus von Panama in Nord-Süd-Richtung. Ergo: Wette gewonnen! Streng genommen verbindet der Panamakanal den Pazifischen übrigens nicht mit dem Atlantischen Ozean, sondern mit dem Karibischen Meer, das mit dem Golf von Mexico das Amerikanische Mittelmeer, ein Nebenmeer des Atlantiks, bildet.

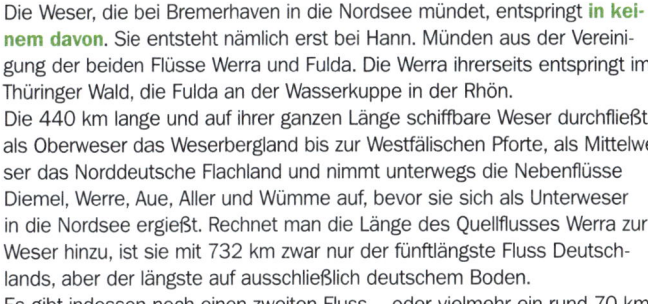

**1** Die Weser, die bei Bremerhaven in die Nordsee mündet, entspringt **in keinem davon**. Sie entsteht nämlich erst bei Hann. Münden aus der Vereinigung der beiden Flüsse Werra und Fulda. Die Werra ihrerseits entspringt im Thüringer Wald, die Fulda an der Wasserkuppe in der Rhön.
Die 440 km lange und auf ihrer ganzen Länge schiffbare Weser durchfließt als Oberweser das Weserbergland bis zur Westfälischen Pforte, als Mittelweser das Norddeutsche Flachland und nimmt unterwegs die Nebenflüsse Diemel, Werre, Aue, Aller und Wümme auf, bevor sie sich als Unterweser in die Nordsee ergießt. Rechnet man die Länge des Quellflusses Werra zur Weser hinzu, ist sie mit 732 km zwar nur der fünftlängste Fluss Deutschlands, aber der längste auf ausschließlich deutschem Boden.
Es gibt indessen noch einen zweiten Fluss – oder vielmehr ein rund 70 km langes Flüsschen – namens Weser. Dieses entspringt im belgischen Hohen Venn südlich von Aachen, fließt in der Eifel ganze zwei Kilometer durch Deutschland, um dann bei Lüttich als Vesdre in die Ourthe, einem Nebenfluss der Maas, zu münden.

**2** Das **Nördlinger Ries**, ein fast kreisrundes Becken von 20 bis 24 km Durchmesser im Grenzbereich zwischen Schwäbischer und Fränkischer Alb, ist durch den Einschlag eines Meteoriten entstanden.
Beim Auftreffen des Steinmeteorits mit einem Durchmesser von etwa 1 km entstanden lokal Drücke von mehreren Tausend Gigapascal (1000 GPa entsprechen dem hundertmillionenfachen des normalen Luftdrucks!) sowie Temperaturen von mehr als 10 000 °C , wobei der Meteorit völlig und die Gesteine am Aufschlagsort teilweise verdampften. Die dabei freigesetzte Energiemenge lag bei $10^{20}$ bis $10^{21}$ Joule, was einer Sprengkraft von 250 000 Hiroshimabomben entspricht.

**3** Deutschland grenzt an **neun** andere Länder und ist damit Europarekordhalter. Den zweiten Platz teilen sich Frankreich und Russland, die mit ihren europäischen Nachbarn jeweils acht gemeinsame Grenzen haben.
Deutschlands direkte Nachbarn – im Uhrzeigersinn – sind: Dänemark, Polen, die Tschechische Republik, Österreich, die Schweiz, Frankreich, Luxemburg, Belgien und die Niederlande. Vor der Wiedervereinigung hatte die frühere Bundesrepublik Deutschland übrigens mit genauso vielen Staaten eine gemeinsame Grenze.
Um Ihnen die Mühe zu ersparen, einen Atlas hervorzuholen, wollen wir hier noch die Nachbarn von Spanien und Norwegen verraten: Spanien grenzt an Frankreich, Andorra und Portugal sowie an die britische Kronkolonie Gibraltar, Norwegen an Russland, Finnland und Schweden.

**④** Geografisch gesehen gehören die **Schweiz**, **Österreich** und **Polen** zu Mitteleuropa, das durch den Südrand der Alpen sowie durch Nord- und Ostsee
begrenzt ist und von der Schelde im Westen bis zur Weichsel im Osten
reicht. Neben Deutschland werden weiterhin die – wie Polen im politischen
Sinne oft als osteuropäisch bezeichneten – Staaten Tschechische Republik,
Slowakische Republik und Ungarn zu Mitteleuropa gezählt. Mit einem Staat
Osteuropas wie der Ukraine oder Weißrussland hat Deutschland keine
gemeinsame Grenze. Frankreich und Luxemburg zählen zu Westeuropa,
Dänemark zu Nordeuropa.

**⑤** Die kleinen, nicht eingedeichten Inseln im nordfriesischen Wattenmeer sind
die **Halligen**. Zwar haben einige der größeren Halligen einen Sommerdeich,
doch schützt dieser die Inseln nicht vor Sturmfluten, sodass die Siedlungen
auf künstlich aufgeschütteten Hügeln, den Warften, errichtet werden müssen.
Als Köge oder Polder bezeichnet man Eindeichungen, die zur Landgewin-
nung aus dem Meer angelegt werden.

**⑥** Der nördlichste Punkt Deutschlands liegt bei 55° 01′ nördlicher Breite auf
der Halbinsel **Lister Ellenbogen** im Norden der Insel Sylt.
Der nördlichste Punkt auf dem deutschen Festland ist der Rickelsbüller Koog
an der Nordwestküste Schleswig-Holsteins. Das Kap Arkona gilt als nördlichster
Punkt Rügens. Das Haldenwanger Eck an der Grenze von Bayern zu Tirol und
Vorarlberg ist mit 47° 25′ nördlicher Breite der südlichste Punkt Deutschlands.

**⑦** **A** Saale, **B** Main, **C** Neckar, **D** Isar, **E** Havel. Von diesen ist der Main mit
524 km der längste, gefolgt von Saale (427 km), Neckar (371 km) und
Havel (341 km). Der kürzeste der fünf Flüsse ist die Isar mit 295 km. Die
Isar weist in ihrem Verlauf sehr viel weniger Flusswindungen auf als beispielsweise der Neckar, sodass sie auf dem Schemakärtchen länger aussieht als jener.

**⑧** Von den genannten Ländern grenzen **Sachsen-Anhalt** und **Hessen** nicht an
einen Nachbarstaat Deutschlands und sind daher sozusagen Binnenbundesländer. Rheinland-Pfalz grenzt an Frankreich, Luxemburg und Belgien, und
Mecklenburg-Vorpommern hat mit Polen eine gemeinsame Grenze.

**⑨** **Nahe**, **Mosel** und **Ahr** münden von Westen her kommend bei Bingen, Koblenz bzw. Sinzig in den Rhein und sind daher in dessen Fließrichtung gesehen linksseitige Nebenflüsse.
Demgegenüber münden **Lahn**, **Wied** und **Sieg** bei Lahnstein, Neuwied und
Bonn rechtsseitig in den Rhein.

Von den vier Städten liegt – für manchen sicher überraschend – das am Fuße des Erzgebirges gelegene **Chemnitz** mit 309 m ü. NN am höchsten. Erfurt am Südrand des Thüringer Beckens liegt 200 m über dem Meeresspiegel, Saarbrücken mit 190 m nur unwesentlich tiefer. Für Stuttgart wird eine Höhenlage von 245 m ü. NN angegeben, wobei allerdings zu berücksichtigen ist, dass der tiefste Punkt des Stadtgebiets bei 207 m, der höchste bei 549 m liegt, und somit also Höhendifferenzen von rund 340 m vorkommen.

 In der Bundesrepublik Deutschland gibt es zwar 16 Bundesländer, aber nur **14** Landeshauptstädte. Von den 16 Bundesländern sind 13 Flächenstaaten und drei sogenannte Stadtstaaten, nämlich Berlin, Hamburg und Bremen. Bei den beiden Stadtstaaten Berlin und Hamburg sind Land und Landeshauptstadt eines. Sie haben demzufolge keine eigene Landeshauptstadt, im Gegensatz zum Stadtstaat Bremen: Das Land Bremen besteht aus den beiden Städten Bremen und Bremerhaven, seine Hauptstadt ist die Stadt Bremen.

 Von den genannten Ländern gehörte nur **Niedersachsen** zu der 1949 gegründeten Bundesrepublik Deutschland.
Das Saarland war von 1947 bis 1956 eine autonome Region und trat erst 1957 der Bundesrepublik Deutschland bei. Berlin (West) war zwar faktisch ein Teil der Bundesrepublik Deutschland, aber konstitutiv kein Bundesland. Baden-Württemberg entstand erst 1952 durch den Zusammenschluss von … Wovon? Das erfahren Sie in der nächsten Frage.

 Ein Land oder einen Staat **Schwaben** gab es seit dem Mittelalter in Deutschland nicht mehr, allerdings ist Schwaben heute ein Regierungsbezirk des Bundeslandes Bayern.
Nach dem Zweiten Weltkrieg wurden in der französischen Besatzungszone im Südteil des heutigen Baden-Württemberg die Länder Baden und Württemberg-Hohenzollern, in der amerikanischen Zone im Norden das Land Württemberg-Baden gegründet. 1949 wurden die drei Länder Teil der Bundesrepublik Deutschland und nach einer Volksabstimmung 1952 zum Südweststaat Baden-Württemberg vereinigt.

Die **Pasterze** am Fuße des Großglockners ist der größte Gletscher Österreichs.
Der Höllentalferner im Wettersteingebirge sowie der Watzmanngletscher und der Blaueisgletscher in den Berchtesgadener Alpen sind neben den beiden Schneeferner-Gletschern an der Zugspitze die einzigen Gletscher Deutschlands. Insgesamt haben sie eine Fläche von nur noch knapp hundert Hektar.

**85**

Die durch ihre Lössböden fruchtbaren Ebenen entlang des Nordrands der Mittelgebirge, die überwiegend agrartechnisch genutzt werden, heißen **Börden**. Bekannte Beispiele sind die Magdeburger oder die Soester Börde. Die Geest ist ein sandiges, trockenes und nur wenig fruchtbares Gebiet in Nordwestdeutschland. Unter Polder – Sie erinnern sich vielleicht noch an die Frage 5? – versteht man durch Eindeichung gewonnenes Neuland. Die Marsch ist eine fruchtbare, aus Schlick aufgebaute Niederung an der Nordseeküste.

 **1d**, **2a**, **3b**, **4c**. Der höchste Berg des Fichtelgebirges ist nicht etwa der Fichtelberg, was vom Namen her eigentlich naheliegend wäre, sondern der Schneeberg (1 053 m). Der Fichtelberg (1 214 m) ist vielmehr der höchste Berg im deutschen Teil des Erzgebirges. Wasserkuppe (950 m) und Erbeskopf (818 m) sind die höchsten Erhebungen der Rhön bzw. des Hunsrücks.

 Friedrichshafen **See**, Ludwigshafen **Fluss**, Wilhelmshaven **Meer**.
Das oberschwäbische Friedrichshafen, am Nordufer des Bodensees gelegen, hat als Hafenstadt allenfalls für den Fährverkehr ins schweizerische Romanshorn Bedeutung. Die 1811 durch Zusammenschluss zweier Gemeinden gegründete Stadt wurde nach König Friedrich I. von Württemberg benannt.
Die 1843 nach König Ludwig I. von Bayern benannte rheinland-pfälzische Stadt Ludwigshafen liegt am Rhein und sollte nicht mit der Gemeinde Ludwigshafen am Bodensee verwechselt werden.
Das niedersächsische Wilhelmshaven, das seinen Namen 1869 zu Ehren des preußischen Königs Wilhelm I. erhielt, liegt am Jadebusen, einer durch Meereseinbrüche während starker Sturmfluten im Mittelalter entstandenen Bucht der Nordsee.

In Deutschland gibt es außer Deutsch noch **zwei** weitere amtlich anerkannte Sprachen: Friesisch und Sorbisch.
Das Friesische ist nicht etwa ein deutscher Dialekt, sondern eine eigenständige Sprache des nordseegermanischen Zweiges des Westgermanischen, die jedoch seit dem 15./16. Jahrhundert zunehmend vom Niederdeutschen und in jüngerer Zeit auch vom Hochdeutschen verdrängt wurde. Nur noch in wenigen Regionen Ost- und Nordfrieslands konnten sich vereinzelt friesische Mundarten erhalten.
Die sorbische Sprache gehört zu den westslawischen Sprachen und steht dem Tschechischen (Obersorbisch) bzw. dem Polnischen (Niedersorbisch) nahe. Sorbisch wird in der sächsischen Oberlausitz um Bautzen und in der brandenburgischen Niederlausitz um Cottbus noch von einigen Zehntausend Sorben gesprochen und ist dort Amts- und Schulsprache.

Es sind die folgenden Bundesländer und ihre Hauptstädte:
BAYERN – MUENCHEN, BRANDENBURG – POTSDAM, HESSEN – WIESBA-
DEN, NIEDERSACHSEN – HANNOVER, SACHSEN – DRESDEN, THUERIN-
GEN – ERFURT.

| R | T | N | O | G | T | Y | S | A | N | R | U | A | S |
|---|---|---|---|---|---|---|---|---|---|---|---|---|---|
| E | N | H | E | S | S | E | N | R | P | W | B | M | A |
| V | U | D | U | I | E | A | H | O | N | I | A | U | C |
| O | M | B | N | E | H | B | T | D | E | E | Y | E | H |
| N | I | E | D | E | R | S | A | C | H | S | E | N | S |
| N | R | S | P | E | D | I | C | E | S | B | R | C | E |
| A | E | E | N | A | C | S | N | I | H | A | N | H | N |
| H | V | W | M | H | S | N | E | G | G | D | N | E | R |
| C | N | M | E | T | R | U | F | R | E | E | E | N | B |
| D | H | T | G | R | U | B | N | E | D | N | A | R | B |

 Die Frauenkirche ist sowohl eines der Wahrzeichen von **München** als auch
von **Dresden**. Der Name Frauenkirche ist die volkstümliche Bezeichnung für
den Dom zu Unserer Lieben Frau in München, die Dresdener Frauenkirche
hieß ursprünglich Kirche Unserer Lieben Frauen.
Das Wahrzeichen der Stadt Nürnberg ist die Nürnberger Burg. Zusammen
mit der Albrechtsburg stellt der Dom St. Johannis und St. Donatus das Wahrzeichen von Meißen dar.

Vor China und den USA ist Deutschland das größte Förderland der Welt für
Braunkohle mit einem Anteil von 18 % an der Weltförderung. Der größte
Anteil der nutzbaren Braunkohlevorkommen von über 50 Milliarden Tonnen
findet sich in den Hauptabbaugebieten in der **Leipziger Tieflandsbucht**, in
der **Niederrheinischen Bucht** und in der **Niederlausitz**.
In der südlichen Magdeburger Börde um die Stadt Staßfurt befinden sich die
bedeutendsten Kalisalz-Lagerstätten Deutschlands.

 Von den genannten Bundesländern führen **Baden-Württemberg** – sogar
dreifach – und **Thüringen** den Löwen im Wappen, darüber hinaus auch
Hessen, Rheinland-Pfalz, das Saarland und Schleswig-Holstein.
Das Wappentier Brandenburgs ist der Adler, jenes von Niedersachsen
das Pferd. Das Wappen von Sachsen-Anhalt zieren ein Adler und ein Bär.
Das Wappen von Bayern ist das weiß-blaue Rautenwappen mit Volkskrone;
den Löwen – gleich mehrfach – führt Bayern nur in seinem großen Staatswappen.

**23** **NES** steht für Neustadt an der Saale (Bayern), **NW** für Neustadt an der Weinstraße (Rheinland-Pfalz), **NEW** für Neustadt an der Waldnaab und **NEA** für Neustadt an der Aisch (beide ebenfalls Bayern).
NB ist das Kfz-Kennzeichen für Neubrandenburg, NM jenes für Neumarkt in der Oberpfalz.

**24** Aix la Chapelle ist das französische Exonym (so werden geografische Namen im Gebiet ausländischer Staaten genannt, die sich von der landes- oder ortsüblichen Bezeichnung unterscheiden) für **Aachen**. Ratisbonne ist der französische Namen für **Regensburg**, Trèves jener für **Trier**, das im Italienischen Treviri genannt wird. Beide Bezeichnungen gehen auf Augusta Treverorum, den römischen Namen Triers, zurück.
**Mainz** wird von den Italienern Magonza genannt, mit Stoccarda meinen sie **Stuttgart**. Dem Namen Monaco für **München** wird häufig der Zusatz »di Bavaria« angehängt, zwecks besserer Unterscheidung von Monaco an der Côte d'Azur.

**25** Von den genannten Städten liegt **Hannover** Erfurt am nächsten, **Mainz** ist am weitesten entfernt, wobei sich beide Entfernungen nur um rund 60 km unterscheiden.
Die Reihenfolge, geordnet nach zunehmendem Abstand, lautet: Hannover (185 km Luftlinie), Frankfurt am Main (210 km), Dresden (220 km), Potsdam (225 km), Regensburg (235 km), Mainz (245 km).

**26** **1d**, **2a**, **3c**, **4b**, **5f**, **6e**. Übrigens: Kalkutta liegt entgegen anderslautender Schlagertexte nicht am Ganges, sondern rund 180 km entfernt vom heiligen Fluss der Inder!

**27** Die **Belgier** sind in Deutschland keine nationale Minderheit. Umgekehrt gibt es im Osten Belgiens aber eine kleine deutsche Minderheit.
Die Friesen sind eine eigene Volksgruppe mit eigener Sprache und als solche als nationale Minderheit anerkannt. Die in Schleswig-Holstein wohnenden Dänen sowie die Sinti und Roma zählen ebenfalls zu den nationalen Minderheiten.

**28** Schaut man sich diese Bundesländer auf einer Deutschlandkarte an, lässt sich kaum entscheiden, welches das größte und welches das kleinste von ihnen ist. Tatsächlich sind ihre Größenunterschiede nur gering. Als das größte der vier Länder hat **Hessen** eine Fläche von 21 115 km$^2$ , gefolgt von **Sachsen-Anhalt** mit 20 446 km$^2$ und **Rheinland-Pfalz** mit 19 853 km$^2$. **Sachsen** ist mit 18 146 km$^2$ das kleinste dieser Bundesländer.

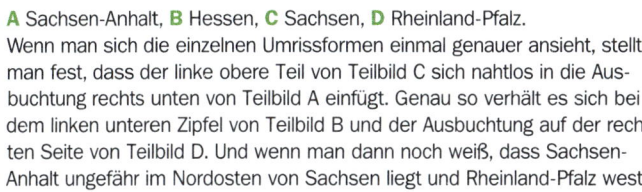

**29** **A** Sachsen-Anhalt, **B** Hessen, **C** Sachsen, **D** Rheinland-Pfalz.
Wenn man sich die einzelnen Umrissformen einmal genauer ansieht, stellt
man fest, dass der linke obere Teil von Teilbild C sich nahtlos in die Ausbuchtung rechts unten von Teilbild A einfügt. Genau so verhält es sich bei
dem linken unteren Zipfel von Teilbild B und der Ausbuchtung auf der rechten Seite von Teilbild D. Und wenn man dann noch weiß, dass Sachsen-
Anhalt ungefähr im Nordosten von Sachsen liegt und Rheinland-Pfalz westlich von Hessen, hat man die vier Länder schnell identifiziert.

**30** In der **Eifel** sind die Maare sozusagen landschaftliche Wahrzeichen. Mit
einem Maarsee erfüllt sind aber nur die wenigsten, z. B. das Pulvermaar oder
das Weinfelder Maar, auch Totenmaar genannt, die bekanntesten der Eifelmaare; insgesamt haben in der Eifel nur neun der bisher etwa 75 identifizier-
ten Maare einen Maarsee. Die jüngsten der Eifelmaare sind vor nur wenig
mehr als 10 000 Jahren entstanden.
Weil es sich bei den Maaren der **Schwäbischen Alb** ausschließlich um
Trockenmaare handelt, ist vielleicht weniger bekannt, dass es dort ebenfalls
eine Vielzahl dieser vulkanischen Erscheinungen gibt.
Im Odenwald und Schwarzwald gab es in der jüngeren geologischen
Geschichte zwar ebenfalls Vulkanismus, ihr Aufbau aus kristallinen Gesteinen
ließ die Bildung von Maaren jedoch nicht zu.

**31** **Offenbach** am Main ist das Zentrum der deutschen Lederindustrie mit jähr-
lich mindestens zwei internationalen Lederwarenmessen. Neben dem Deut-
schen Ledermuseum findet sich in Offenbach das Deutsche Schuhmuseum.
Mit diesem steht es in Konkurrenz zum Schuhmuseum in **Pirmasens**, dem
Zentrum der deutschen Schuhindustrie am Westrand des Pfälzer Waldes.
**Pforzheim**, am Nordrand des Schwarzwalds am Zusammenfluss von Enz,
Nagold und Würm gelegen, ist als »Goldstadt« das Zentrum der deutschen
Schmuckwarenindustrie und hat – wie könnte es anders sein – ein beach-
tenswertes Schmuckmuseum.

**32** Die **Ruhr** fließt von ihrer Quelle im Rothaargebirge bis zu ihrer Mündung in
den Rhein bei Duisburg ausschließlich durch Nordrhein-Westfalen.
Dass Frankfurt am Main die größte hessische Stadt ist und der Main demzufolge durch Hessen fließt, dürfte allgemein bekannt sein. Schwieriger zu
beantworten dürfte die Frage beim Neckar und bei der Weser sein:
Der Neckar fließt zwar fast ausschließlich durch Baden-Württemberg, doch
quert er im Odenwald ein kurzes Stück hessisches Gebiet. Und die Weser,
die durch den Zusammenfluss von Werra und Fulda im niedersächsischen
Hann. Münden entsteht, fließt kurz danach – zwischen Rothaargebirge und
Solling – für ein paar Kilometer durch Hessen.

Die durch Inseln und Landzungen vom Meer abgetrennten lagunenähnlichen flachen Küstengewässer an der Ostsee werden **Bodden** genannt. Ist die Landzunge ein schmaler, sandiger Landstreifen, eine sogenannte Nehrung, dann wird die Lagune ein Haff genannt.

Als Förde bezeichnet man eine durch Gletscher ausgehobelte schmale, fjordähnliche Meeresbucht an der Ostküste von Schleswig-Holstein.

 Das Deutsche Reich trat im Helgoland-Sansibar-Vertrag von 1890 die heute zum ostafrikanischen Tansania gehörende Insel **Sansibar** an Großbritannien ab und bekam im Tausch dafür Helgoland.

Teile der pazifischen Inselgruppen von Palau, Samoa und der Marianen waren vor dem Ersten Weltkrieg zwar allesamt deutsche Kolonien, wurden dies jedoch erst 1899, als Helgoland bereits wieder zu Deutschland gehörte.

 Von den genannten Flüssen markiert nur die **Ems** keinen Grenzverlauf zwischen Deutschland und einem seiner Nachbarländer. Die Ems entspringt in Westfalen, fließt mehr oder weniger parallel zur niederländischen Grenze durch Niedersachsen und mündet bei Emden in die Nordsee.

Die Saar ist – wenn auch nur auf 11 km – ein Teil der deutsch-französischen Grenze. Die Mosel ist Grenzfluss zu Luxemburg, der Rhein zu Frankreich und der Schweiz. Zusammen mit der Oder bildet die Neiße die deutsch-polnische Grenze.

 Der am 21. Juni 1895 von Kaiser Wilhelm II. nach achtjähriger Bauzeit eröffnete Kaiser-Wilhelm-Kanal wurde 1948 in **Nord-Ostsee-Kanal** umbenannt. Er verbindet die Elbmündung an der Nordsee mit der Kieler Förde an der Ostsee und ist der meistbefahrene Seeschifffahrtskanal der Welt.

Der Oder-Spree-Kanal (eröffnet 1891), der Mittellandkanal (eröffnet 1938) und der Main-Donau-Kanal (eröffnet 1992) sind wichtige deutsche Binnenschifffahrtskanäle.

 Von den genannten Gebirgen ist der **Vogelsberg** – mit 2 500 km² das größte geschlossene Basaltvorkommen Zentraleuropas – weitgehend vulkanischen Ursprungs, ebenso der **Kaiserstuhl**. Entstanden sind beide Gebirge in der Tertiärzeit vor knapp 20 Mio. Jahren.

In der Rhön und in der Eifel gab es zwar auch Vulkanismus – in der Eifel noch bis vor 10 000 Jahren –, an ihrem Aufbau überwiegen jedoch Sedimentgesteine aus der Trias bzw. aus dem Devon.

Mit **Mecklenburg-Vorpommern** und mit **Hessen** hat Sachsen-Anhalt keine gemeinsame Grenze. Im Osten, Nordosten und Norden grenzt Sachsen-Anhalt an Brandenburg, im Südosten an Sachsen, im Südwesten an Thüringen und im Westen an Niedersachsen.

**39** Die höchsten Berge sowohl vom **Schwarzwald** als auch vom **Taunus** heißen
Feldberg.
Der Schwarzwälder Feldberg ist 1 493 m hoch und damit zugleich der
höchste deutsche Mittelgebirgsgipfel. Der 881 m hohe Feldberg im Taunus
wird meist auch als Großer Feldberg bezeichnet, um ihm vom zweithöchsten
Taunusgipfel, dem 824 m hohen Kleinen Feldberg, zu unterscheiden.
Die höchste Erhebung des Odenwalds ist der Katzenbuckel (626 m), im
Harz ist es der Brocken (1 142 m).

**40** **Passau** an der Donau liegt an der Grenze zu Österreich. Von der tschechi-
schen Grenze ist Passau jedoch knapp 40 km entfernt und liegt somit nicht
in unmittelbarer Grenznähe zu zwei deutschen Nachbarländern.
Lörrach dagegen liegt im Dreiländereck Deutschland–Schweiz–Frankreich,
Aachen im Dreiländereck Deutschland–Belgien–Niederlande und Zittau im
Dreiländereck Deutschland–Polen–Tschechische Republik.

**41** Baden-Württemberg: **Stuttgart = 3** (Karlsruhe = 1, Heilbronn = 2)
Bayern: **München = 3** (Nürnberg = 1, Augsburg = 2)
Thüringen: **Erfurt = 1** (Jena = 2, Gera = 3)
Niedersachsen: **Hannover = 2** (Oldenburg = 1, Braunschweig = 3)

**42** Die Reihenfolge der Ostfriesischen Inseln von Ost nach West lautet:
**Wangerooge**, Spiekeroog, **Langeoog**, Baltrum, **Norderney**, **Juist** und Borkum.
Auf allen sieben Inseln spielt der sommerliche Fremdenverkehr eine große
Rolle. Auf einigen von ihnen gibt es keinen Autoverkehr, auf Baltrum, der
kleinsten von ihnen, sind noch nicht einmal Fahrräder erwünscht.

**43** Der Fluss Gera, ein 85 km langer Nebenfluss der Unstrut, fließt nicht etwa
durch die Stadt Gera. Es ist vielmehr **Erfurt**, das an der Gera liegt.
Die Stadt Gera liegt an der Weißen Elster. Durch Zwickau, das im Übrigen
nicht in Thüringen, sondern in Sachsen liegt, fließt die Zwickauer Mulde, die
wie die Unstrut ein Nebenfluss der Saale ist. Und an der Saale, dem längsten Nebenfluss der Elbe, liegt Jena.

**44** Das Mündungsgebiet der Oder ist das **Stettiner Haff**, ein 900 km$^2$ großer,
durch die Inseln Usedom und Wollin von der Pommerschen Bucht abgetrenn-
ter Brackwasserbereich, der nur durch drei schmale Meeresarme mit der
Ostsee verbunden ist.
Im Jadebusen mündet der Fluss Jade in die Nordsee, Dollart ist eine Bucht
der Nordsee westlich der Emsmündung. Der Greifswalder Bodden ist eine
Bucht zwischen Rügen und der vorpommerschen Ostseeküste um Greifswald.

Wegen seiner fächerartigen Anlage – die Straßen im bebauten Stadtgebiet laufen radial auf das Schloss zu – wird **Karlsruhe** auch die Fächerstadt genannt.

Nach ihrem Wappen, der ein dreiblättriges grünes Kleeblatt zeigt, heißt Fürth auch Kleeblattstadt. Solingen als Zentrum der deutschen Schneidwarenindustrie trägt den Beinamen Klingenstadt. Wegen seiner großen Musiktradition, die auf Namen wie Johann Sebastian Bach und Felix Mendelssohn Bartholdy zurückblicken kann, nennt sich die Stadt Leipzig auch Musikstadt.

 Das 1988 stillgelegte Bergwerk Rammelsberg bei **Goslar**, in dem mehr als 1 000 Jahre lang Silber, Blei, Kupfer und Zink gewonnen wurden, fand 1992 zusammen mit der Goslarer Altstadt Aufnahme in die UNESCO-Liste des Weltkulturerbes.

In der Grube Messel in der gleichnamigen Gemeinde in Südhessen wurde bis 1970 Ölschiefer abgebaut. Der Steinbruch wurde weltweit bekannt durch die einzigartigen dort gefundenen Fossilien von Wirbeltieren, Insekten und Pflanzen. Als bedeutendes Zeugnis der Entwicklungsgeschichte der Wirbeltiere ist die Grube Messel seit 1995 Weltnaturerbestätte der UNESCO.

Die Völklinger Hütte, ein 1986 stillgelegtes Eisenwerk im saarländischen Völklingen, wurde 1994 als erstes Industriedenkmal auf der Welt zum UNESCO-Weltkulturerbe erhoben.

 Die Hauptinsel von **Helgoland** wird von rotem Buntsandstein aufgebaut, der im Westen der Insel bis zu 50 m hohe Klippen bildet.

Die berühmten weißen Felsen von Rügen bestehen aus Kreide, einem in der Kreidezeit vor rund 80 Mio. Jahren abgelagerten Kalksediment. Markante Felsformationen haben weder Fehmarn noch Sylt aufzuweisen. Sie sind im Wesentlichen aus eiszeitlichen Ablagerungen wie Grundmoränen aufgebaut.

 Der geografische Mittelpunkt der Europäischen Union liegt seit dem Beitritt von Bulgarien und Rumänien am 1. Januar 2007 bei Gelnhausen im **Vogelsberg**. Zuvor lag er seit dem 1. Mai 2004 in der Gemeinde Kleinmaischeid im Westerwald.

Mit der vorgesehenen Aufnahme weiterer Balkanstaaten in die Gemeinschaft wird der Mittelpunkt der EU sich weiter nach Südosten verschieben und könnte dann vielleicht in Niederbayern liegen.

 **Nordrhein-Westfalen** reicht bis 5° 55′ östlicher Länge über den sechsten Längengrad nach Westen und ist damit das westlichste Bundesland. Der westlichste Punkt Deutschlands liegt bei Isenbruch, einem Ortsteil der Gemeinde Selfkant im Kreis Heinsberg.

Der westlichste Punkt Niedersachsens liegt bei etwa 6° 40′, der von Rheinland-Pfalz bei 6° 08′ und jener des Saarlands bei rund 6° 24′ östlicher Länge.

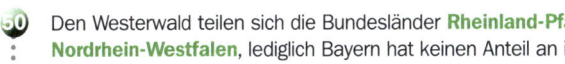
**50** Den Westerwald teilen sich die Bundesländer **Rheinland-Pfalz**, **Hessen** und **Nordrhein-Westfalen**, lediglich Bayern hat keinen Anteil an ihm.
Der Westerwald wird im Süden und Osten von den Flüssen Lahn und Dill begrenzt. Grenzen im Westen und Norden sind der Rhein und die Sieg, die nordöstliche Grenze stellt das Flüsschen Heller dar. Der größte Teil dieses Gebiets liegt in Rheinland-Pfalz, der kleinere östliche und nordöstliche Teil gehört zu Hessen bzw. zu Nordrhein-Westfalen.

**51** **A** Baden-Württemberg, **B** Schleswig-Holstein, **C** Hessen, **D** Mecklenburg-Vorpommern, **E** Sachsen, **F** Sachsen-Anhalt, **G** Bayern, **H** Thüringen, **I** Nordrhein-Westfalen.
Bei den Flaggen von Baden-Württemberg und Sachsen-Anhalt kann man ins Grübeln kommen. Selbst wenn man in einem der betreffenden Länder zu Hause ist und weiß, dass die Landesfarben schwarz und gelb sind, fällt es einem schwer, auf Anhieb zu sagen, welche Farbe der obere bzw. der untere Streifen hat. Und das Gleiche gilt für die Flaggen von Hessen und Thüringen.

**52** **Trogtäler** mit ihrem typischen U-förmigen Querschnitt entstehen durch die Erosionstätigkeit von Talgletschern in Gebirgen. Sie kommen in der von Inlandeis geprägten Norddeutschen Tiefebene nicht vor.
Häufige eiszeitliche Bildungen in Norddeutschland sind jedoch die Urstromtäler, die durch das abfließende Schmelzwasser der Gletscher entstanden sind. Der Name Drumlin stammt aus dem Irischen und bezeichnet längliche Hügel aus Grundmoränenmaterial. Zwischen Toteismassen entstandene, dammartige Wallberge tragen die aus dem Schwedischen stammende Bezeichnung Oser.

**53** Die Innenstadt von **Mannheim** ist schachbrettartig angelegt, und wie die Felder auf einem Schachbrett sind die quadratischen Häuserblocks durch Buchstaben und Ziffern gekennzeichnet. So finden sich hier – für Deutschland einzigartig – kurze Adressen wie P6, 13, wobei P6 das Häuserquadrat und 13 die Hausnummer ist.
In Mainz, in Minden und in Münster besteht eine Adresse wie in jeder übrigen deutschen Stadt aus Straßennamen und Hausnummern.

**54** Im Vulkangebiet der Eifel finden sich sowohl **Geysir**e als auch **Mofetten**. Bekanntester Geysir ist jener von Andernach; er ist der höchste Kaltwassergeysir der Welt und stößt sein Wasser regelmäßig alle hundert Minuten aus. Mofetten sind kalte Kohlendioxidquellen, wie sie etwa im Gebiet des Laacher Sees zu finden sind.
Fumarolen sind bis 1000 °C heiße Ausströmungen von Wasserdampf. Enthalten diese zudem noch Schwefelgase, spricht man von Solfataren. Beide gibt es in Deutschland nicht.

**55** Das Kuckucksei bei dieser Frage ist die Aufzählung **Jagst – Main – Rhein**. Die Jagst ist kein Nebenfluss des Mains, sondern mündet in den Neckar.

**56** **Duisburg** wird auch als »Stadt der Brücken« bezeichnet. Es hat mit 650 Brücken mehr als Venedig und auch mehr als Bremen, das auf etwas über 600 Brücken kommt.
Die brückenreichste Stadt Deutschlands ist Hamburg, mit rund 2300 Brücken auch Europameister; es heißt daher – ebenso wie Berlin, wo es nach offiziellen Angaben 916 Brücken gibt, – »Venedig des Nordens«.

**57** Wegen seiner bis über 70 °C heißen Thermalquellen, den wärmsten nördlich der Alpen in Deutschland, darf sich Aachen zwar auch **Bad Aachen** nennen, tut es offiziell aber nicht.
Die bekannten Thermalquellen von Baden-Baden erreichen Temperaturen von bis zu 68 °C, jene von Wiesbaden bis 66 °C. Bad Reichenhall ist bekannt für seine Solequellen.

**58** Die **Schärenküste** ist keine in Deutschland vorkommende Küstenform. Schären – kleine, in den Eiszeiten entstandene Inseln – prägen vor allem in Schweden und Finnland die skandinavischen Küsten.
Die deutsche Nordseeküste ist eine Wattenküste – das deutsch-niederländische Wattenmeer ist das größte der Welt. Die Ostseeküste von Schleswig-Holstein ist eine Fördenküste, die Küste Mecklenburg-Vorpommerns in großen Teilen eine Boddenküste.

**59** **A** Fehmarn, **B** Hiddensee, **C** Amrum, **D** Borkum.
Die größte der Inseln ist Fehmarn, das mit einer Fläche von rund 185 km$^2$ in Wirklichkeit etwa zehnmal so groß ist wie Hiddensee mit 18,6 km$^2$.

**60** Ein **Osten an der Weste** gibt es nicht, dafür aber ein Osten an der Oste. Die niedersächsische Gemeinde im Landkreis Cuxhaven hat knapp 2000 Einwohner und liegt, wie ihr Name sagt, am Fluss Oste, einem Nebenfluss der Elbe. Einen Fluss namens Weste gibt es nicht, dafür aber einen Ort dieses Namens, der ebenfalls in Niedersachsen, aber nicht an der Oste liegt.
Neustadt am Rübenberge ist eine Stadt in der Nähe von Hannover und liegt an der Leine. Sie hat rund 45000 Einwohner und ist mit 357 km$^2$ die flächenmäßig neuntgrößte Stadt Deutschlands.
Kalbe an der Milde ist eine 8000-Einwohner-Stadt im Altmarkkreis Salzwedel in Sachsen-Anhalt. Die Milde, die ab Flusskilometer 39 Bise, ab Flusskilometer 70 Aland heißt, ist ein Nebenfluss der Elbe.
Müden an der Örtze, ein Nebenfluss der Aller, hat etwa 2200 Einwohner und liegt im Landkreis Celle in der Lüneburger Heide.

Zunächst einmal: Spanien mit einer Fläche von 504 645 km$^2$ und rund 45 Mio. Einwohnern ist kein Nachbarland Deutschlands, sofern man unter Nachbarländern diejenigen versteht, mit denen Deutschland eine gemeinsame Grenze hat. Insofern bleibt Spanien hier außen vor.

Bei der Fläche gilt die Anordnung **Frankreich**, **Polen**, **Österreich**, **Tschechische Republik**, **Niederlande**.

Die Reihenfolge bei der Einwohnerzahl lautet **Frankreich**, **Polen**, **Niederlande**, **Tschechische Republik**, **Österreich**.

Die Größe und die Einwohnerzahl dieser Länder soll Ihnen nicht vorenthalten bleiben:   Frankreich: 543 965 km$^2$, 62 Mio.

Polen: 312 685 km$^2$, 38 Mio.

Österreich: 83 871 km$^2$, 8 Mio.

Tschechische Republik : 78 866 km$^2$, 10 Mio.

Niederlande: 41 526 km$^2$, 16 Mio.

 Burg **Eltz** liegt am Elzbach, einem Nebenflüsschen der Mosel in der Eifel. Sie zählt zu den schönsten Burgen Deutschlands und zierte von 1965 bis 1992 den damaligen 50-DM-Schein.

Die anderen fünf Burgen zieren hingegen das Mittelrheintal. Burg Klopp befindet sich auf einer Anhöhe oberhalb von Bingen, die beiden Burgen Katz (ursprünglich Burg Neukatzenelnbogen) und Maus (erbaut als Burg Peterseck) liegen bei St. Goarshausen. Die Ruine der Burg Sayn liegt im gleichnamigen Ortsteil von Bendorf zwischen Koblenz und Neuwied, Burg Linz schließlich ist eine Wasserburg direkt am Rhein im Stadtgebiet von Linz.

 Mit dem Römer, seit mehr als 600 Jahren das Rathaus, hat **Frankfurt am Main** von den genannten Städten keine Kirche als Wahrzeichen.

Eines der Wahrzeichen von München ist der Dom zu Unserer Lieben Frau, jenes von Köln der Kölner Dom. Der Hamburger Michel, die Kirche St. Michaelis, ist eines der Wahrzeichen von Hamburg.

 Wilhelmshaven liegt am **Jadebusen**, der Mündungsbucht der Jade. Die Jade selbst ist ein kleines Flüsschen, das nördlich von Oldenburg entsteht und nach nur 22 km in die Nordsee mündet.

An der Mündung der Weser liegt Bremerhaven, an jener der Elbe Cuxhaven. Die Ems mündet bei Emden in die Nordsee.

 Die Gemeinde **Büsingen** am Hochrhein ist als deutsche Exklave vollständig vom Staatsgebiet der Schweiz umgeben und gehört daher auch zum Schweizer Zollgebiet.

Mützenich und Rückschlag sind zwei von fünf deutschen Exklaven in der Eifel, die von der Trasse der Vennbahn, die belgisches Staatsgebiet ist, vom Rest Deutschlands abgeschnitten werden.

**66** Die Einwohner von Kassel sind entweder **Kasseler**, **Kasselaner** oder **Kasseläner**. Nur keine Kassler, denn damit wird ein gepökeltes und mild geräuchertes Schweinerippchen bezeichnet, das im 19. Jahrhundert von einem Berliner Metzger namens Cassel erfunden worden sein soll.

Bei Kasseler, Kasselaner und Kasseläner muss man deren drei unterschiedliche Bedeutungen beachten: Als Kasseler wird ein Zugezogener bezeichnet, während ein Kasselaner in Kassel geboren ist. Sind seine beiden Elternteile zudem Kasselaner, dann ist es ein Kasseläner.

**67** Mit einer Länge von nur 58 km ist die Grenze zu **Dänemark** die kürzeste Deutschlands. Die zweitkürzeste Grenze mit 138 km ist die zu Luxemburg, unserem kleinsten Nachbarstaat. Mit Belgien hat Deutschland eine 167 km lange Grenze, die mit der Schweiz hat eine Länge von 363 km.

**68** Die Kirche mit dem höchsten Backsteinturm der Welt befindet sich nicht etwa in Norddeutschland mit seinen unzähligen Backsteinkirchen, wie man viellicht vermuten könnte. Vielmehr ist es die Kirche St. Martin im niederbayerischen **Landshut**; ihr Turm ist 131 m hoch.

Die beiden Türme der Marienkirche in Lübeck haben eine Höhe von rund 125 m, der Turm des Doms von Schwerin ist 117,5 m hoch. Der Westturm der St. Nikolaikirche in Greifswald misst 100 m.

**69** **Bad Liebenstein – Thüringen, Bad Liebenzell – Baden-Württemberg, Bad Liebenwerda – Brandenburg.**
Bad Liebenstein liegt im Nordosten des Thüringer Waldes, Bad Liebenzell im Nagoldtal im Nordschwarzwald und Bad Liebenwerda an der Schwarzen Elster im äußersten Süden von Brandenburg.

**70** Der **Mainzer Dom** zählt nicht zu den deutschen Kirchenbauten, die von der UNESCO als schützenswertes Weltkulturerbe erfasst sind.

Der Aachener Dom, die Krönungskirche einer Vielzahl deutscher Könige, und der Dom zu Speyer, die Grabeskirche der Salierkaiser, sind bereits seit 1978 und 1981 Welterbestätten und damit die ältesten in Deutschland. Der Kölner Dom wurde erst im Jahr 1996 in die Welterbeliste aufgenommen.

**71** Von den vier größten deutschen Städten ist **Berlin** diejenige, in der es am wenigsten regnet. Dort fallen im Jahresdurchschnitt 580 mm Niederschläge, nur wenig mehr als in der regenärmsten Region Deutschlands um Magdeburg, Halle und Leipzig mit 500 mm. Die jährliche Regenmenge in Köln liegt bei 800 mm, in Hamburg bei 750 mm. Am höchsten ist die Niederschlagsmenge in München mit rund 1000 mm.

Es gibt zwei Meerengen zwischen dem europäischen und dem kleinasiatischen Teil der Türkei – Bosporus und Dardanellen. Aber welche von beiden verbindet Marmarameer und Ägäisches Meer?
Es sind die **Dardanellen**, eine 65 km lange, 2 000 bis 6 000 m breite und bis zu 100 m tiefe Wasserstraße. Die Dardanellen waren bereits im Altertum sowohl Seeweg zwischen Ägäis und Schwarzem Meer als auch, wegen ihrer geringen Breite, Übergang zwischen Asien und Europa. Der Bosporus, an dessen Südende die Stadt Istanbul liegt, verbindet das Schwarze Meer mit dem Marmarameer, das geografisch ein Nebenmeer des Mittelmeers ist. Der Bosporus ist 31 km lang, 660 bis 3 000 m breit und 30 bis 120 m tief. Bosporus und Dardanellen sind überflutete Flusstäler, die erst zu Ende der letzten Eiszeit zu Meeresstraßen und damit zur Verbindung zwischen Mittelmeer und Schwarzem Meer wurden.

 Der an seiner engsten Stelle nur rund 20 km breite Nordkanal trennt einerseits **Irland und Schottland** und verbindet andererseits die Irische See mit dem offenen Atlantischen Ozean.
Die Meeresstraße zwischen Norwegen und Dänemark ist das oder der Skagerrak, jene zwischen dem dänischen Festland und Schweden das Kattegat. Die Meerenge zwischen der dänischen Hauptinsel Seeland und Schweden ist der Øresund. Die Straße von Dover als Teil des Ärmelkanals trennt Belgien und Frankreich von Großbritannien.

 Es sind weder die Ardennen, die nach einem Angehörigen der Familie von Ardenne benannt sind, noch geht der Name der Abruzzen auf das Geschlecht der Abruzzi zurück.
Es sind vielmehr die **Dolomiten**, die nach dem französischen Mineralogen D. de Gratet de Dolomieu (*1750, †1801) benannt sind. Dolomieu entdeckte 1791 das Mineral Dolomit, ein meist grauweißes Kalzium-Magnesium-Karbonat. Ein Sedimentgestein, das im Wesentlichen aus diesem Mineral besteht, bezeichnet der Geologe ebenfalls als Dolomit. Es entsteht durch Verdrängung von Kalzium durch Magnesium aus Kalkstein. Da große Teile der Dolomiten, vor allem die schroffen Spitzen und Felsklötze wie die der Drei Zinnen oder des Schlern, aus sind diesem Gestein aufgebaut sind, erhielt dieser Gebirgszug im 19. Jahrhundert seinen Namen zu Ehren Dolomieus.

 Die Anrainerstaaten der Donau von der Quelle bis zur Mündung sind **Deutschland**, **Österreich**, die **Slowakische Republik**, **Ungarn**, **Kroatien**, **Serbien**, **Rumänien**, **Bulgarien**, **Moldawien** und die **Ukraine.** Auf Moldawien muss man erst einmal kommen! Andernfalls ist das auch nicht weiter tragisch, denn zu Moldawiens Territorium gehören gerade mal 570 m Donauufer.

**5** Das bis zu 3 785 Meter tiefe Meeresbecken zwischen der Apenninhalbinsel und den Inseln Sizilien, Sardinien und Korsika ist das **Tyrrhenische Meer**, benannt nach den Tyrrhenoi, wie die Etrusker von den Griechen genannt wurden.
Das Ligurische Meer mit dem Golf von Genua ist der nördliche, bis zu 2 615 Meter tiefe Teil des Mittelmeers zwischen der italienischen und französischen Riviera und der Insel Korsika. Im Ionischen Meer, dem Meeresbecken zwischen der Westküste Griechenlands und der Ostküste Siziliens und Kalabriens, hat das Mittelmeer mit 5 121 Metern seine größte Tiefe. Das Adriatische Meer oder kurz die Adria liegt zwischen Apeninn- und Balkanhalbinsel und ist an seiner tiefsten Stelle »nur« 1 590 Meter tief.

**6** Die **Costa Smeralda** – »Smaragdküste« – ist die Felsenküste im Nordosten von Sardinien und gehört demzufolge zu Italien.
Die **Costa Brava** – »wilde Küste« – liegt zwischen Barcelona und der französischen Grenze, die **Costa Dorada** – »Goldküste« – schließt sich südwestlich davon bis zum Ebrodelta an; beide gehören zu Spanien. **Costa Verde** – »grüne Küste« – heißt die spanische Atlantikküste und ist auch Name für die Küste im Nordwesten Portugals.

**7** Die ehemalige Sowjetrepublik **Moldawien** ist ein Binnenstaat, der im Westen an Rumänien und ansonsten an die Ukraine grenzt.
Die Anrainerstaaten des Schwarzen Meeres sind – im Uhrzeigersinn – die Ukraine, Russland, Georgien, die Türkei, Bulgarien und Rumänien.

**8** **A** Kreta, **B** Korsika, **C** Zypern, **D** Mallorca. Damit Sie die Größe der Inseln vergleichen können, hier ihre Flächen: Kreta (8 331 km²), Korsika (8 680 km²) und Zypern (9 251 km²) haben eine ähnliche Größe, sind aber jeweils rund zehnmal so groß wie Mallorca (862 km²).

**9** **Waadt** Französisch, **Wallis** Französisch und Deutsch, **Bern** Deutsch und Französisch, **Graubünden** Deutsch, Italienisch und Rätoromanisch.
Der einzige der genannten Kantone, in dem nur eine einzige der vier Schweizer Landessprachen, nämlich Französisch, gesprochen wird, ist der Kanton Waadt (frz. Vaud), in der Westschweiz in der Region des Genfer Sees gelegen. Der Westteil des angrenzenden Kantons Wallis (frz. Valais) ist ebenfalls französischsprachig, im Ostteil wird Deutsch gesprochen. Der Kanton Bern ist überwiegend deutschsprachig mit Ausnahme des Nordwestens; dort spricht man Französisch. Graubünden ist dreisprachig. Im äußersten Süden wird Italienisch gesprochen, im Nordteil liegt der deutsche Sprachraum, in den die Gebiete eingelagert sind, in denen rätoromanische Dialekte, das sogenannte Bündnerromanisch, gesprochen werden.

**Irkutsk**, mit etwas mehr als einer halben Million Einwohnern die zweitgrößte Stadt Ostsibiriens, liegt an der Angara in der Nähe des Baikalsees und gehört zu Russland.

Minsk ist die Hauptstadt von Weißrussland und mit rund 1,7 Millionen Einwohnern gleichzeitig die größte Stadt des Landes. Krasnowodsk heißt seit 1993 Turkmenbashi; die rund 70 000 Einwohner zählende Stadt am Ostufer des Kaspischen Meeres gehört heute zu Turkmenistan. Donezk ist mit rund 980 000 die fünftgrößte Stadt der Ukraine und die Hauptstadt des Bergbaugebiets Donezk im Osten des Landes.

Die 1783 von dem Fürsten Potemkin – jener mit den nach ihm benannten Dörfern – am Unterlauf des Dnjepr gegründete Stadt mit dem für deutsche Zungen fast unaussprechlichen Namen Dnjepropetrowsk ist im Übrigen mit etwas mehr als einer Million Einwohnern die drittgrößte Stadt der Ukraine.

 **Glasgow** unterscheidet sich insofern von den anderen fünf Städten, als dass es keine Hafenstadt ist. Glasgow liegt am schottischen Fluss Clyde, etwa 20 km vom Meer entfernt.

Barcelona (Spanien), Genua (Italien) und Marseille (Frankreich) sind Hafenstädte am Mittelmeer. Odessa (Ukraine) liegt am Schwarzen Meer, Rotterdam (Niederlande) im Mündungsgebiet der Neuen Maas in die Nordsee.

 Die Abfolge, von groß nach klein, ist: **Genfer See**, **Bodensee**, **Gardasee**, **Neuenburger See**, **Lago Maggiore**, **Comer See**.

Den Genfer See mit 581 km$^2$ teilen sich die Schweiz und Frankreich, den Bodensee (538 km$^2$) Deutschland, die Schweiz und Österreich, wobei die jeweiligen Anteile 305, 173 und 60 km$^2$ betragen. Der italienische Gardasee ist 370 km$^2$ groß, und der Neuenburger See in der Schweiz misst 218 km$^2$. Auf Platz fünf und sechs folgen der Lago Maggiore (Italien, Schweiz) mit 212 km$^2$ und der Comer See (Italien) mit 146 km$^2$.

 **Vilnius** Litauen, **Valletta** Malta, **Vaduz** Liechtenstein.

Vilnius hat rund 560 000 Einwohner. Damit lebt fast jeder sechste Litauer in der Hauptstadt des baltischen Landes. Valletta, gelegentlich auch La Valletta genannt, hat offiziell 6 300 Einwohner, das sind nur rund 1,5 % der Bevölkerung Maltas. In Vaduz wohnt jeder siebte Liechtensteiner. Mit seinen 5 000 Einwohnern ist Vaduz aber beileibe nicht die kleinste Hauptstadt Europas. San Marino und Monaco, die Hauptstädte der gleichnamigen Zwergstaaten, zählen rund 4 500 bzw. 1 000 Einwohner.

Noch weniger Einwohner hat der Staat der Vatikanstadt. Dessen geschätzte Einwohnerzahl liegt, je nach Quelle, zwischen 450 und 850. Als Stadtstaat hat er jedoch keine Hauptstadt, sodass es bei den drei Hauptstädten mit »V« bleibt. Das hat zur Folge, dass es in Europa zwar 46 Staaten, aber nur 45 Hauptstädte gibt.

Das Asowsche Meer ist ein Nebenmeer des **Schwarzen Meeres** nordöstlich der Halbinsel Krim. Mit dem Schwarzen Meer ist das 38 000 km² große, nur bis 14,5 m tiefe Asowsche Meer durch die Straße von Kertsch verbunden. Benannt ist es nach der Hafenstadt Asow am Don, der ins Asowsche Meer mündet.

Die Barentssee liegt zwischen der Nordküste Skandinaviens und Russlands und Spitzbergen. Auch die Barentssee als Teil des Nordpolarmeeres hat ein Nebenmeer, das Weiße Meer, das von ihr durch die Halbinsel Kola abgetrennt ist. Das Kaspische Meer ist genau so wenig ein Meer wie das Tote Meer, sondern wie dieses ein abflussloser Binnensee – der größte der Welt – zwischen Russland, Kasachstan, Turkmenistan, dem Iran und Aserbaidschan gelegen.

 Der westlichste Punkt des europäischen Kontinents ist Slea Head auf der Halbinsel Dingle in **Irland**, wenn man von einigen kleinen, unbewohnten Inselchen vor der irischen Hauptinsel einmal absieht.

Er liegt mit 10° 28′ W fast ein ganzes Längengrad weiter westlich als das Cabo da Roca in Portugal, mit 9° 30′ der westlichste Punkt des europäischen Festlands. Island ist zwar politisch und kulturell zu Europa zu zählen, die Insel gehört geologisch und geografisch aber keinesfalls zum europäischen Kontinent.

 Außer **Georgien** liegt keines der Länder vollständig in Europa oder in Asien. Russland ist ein unzweifelhaft ein europäisches Land, auch wenn der größere Teil seines Staatsgebiets, sprich Sibirien, in Asien liegt. Auch die Türkei betreffend ist diese Erkenntnis ein alter Hut – ihr Staatsgebiet nördlich bzw. nordwestlich von Bosporus, Marmarameer und Dardanellen gehört geografisch zu Europa. Und selbst wenn es unglaubhaft klingt: Auch Teile Kasachstans liegen in Europa. Zur Grenze zwischen Europa und Asien gehört der Fluss Ural, und ein Blick auf die Landkarte wird uns schnell davon überzeugen, dass ein mehr als 100 000 km² großer Teil Kasachstans westlich des Uralflusses liegt und damit zu Europa gehört.

 **Teneriffa**, **Gran Canaria**, **Lanzarote**, **La Gomera**
Die größte und zugleich bevölkerungsreichste Insel der Kanaren ist Teneriffa. Dort leben rund 900 000 Menschen auf 2 057 km². Gran Canaria hat 830 000 Einwohner und nimmt flächenmäßig mit 1 531 km² Rang drei der Kanarischen Inseln ein (Rang zwei hat Fuerteventura).

Auf Rang vier folgt die mit 140 000 Einwohnern vergleichsweise dünn besiedelte Insel Lanzarote (795 km²). La Gomera ist mit 378 km² und 23 000 Einwohnern hinsichtlich der Fläche und der Einwohnerzahl die zweitkleinste der sieben größeren Inseln.

**Magyarország** Ungarn, **Suomi** Finnland, **Shqipëri** Albanien, **Hrvatska** Kroatien
Die Ungarn nennen ihr Land Magyarország, die amtliche Form ist Magyar Köztársaság – Ungarische Republik. Finnland heißt auf finnisch Suomi, amtlich Suomen Tasavalta – Republik Finnland. Die Bezeichnung Finnland stammt aus dem Schwedischen, neben dem Finnischen die zweite Amtssprache des Landes. Shqipëri ist das Land der Skipetaren – Karl-May-Leser wissen, was gemeint ist: Albanien, das sich amtlich Republika e Shqipërisë, Republik Albanien, nennt. Und die Kroaten schließlich nennen ihren Staat Hrvatska bzw. in der amtlichen Form Republika Hrvatska.

 Die **Schelde** ist kein Mündungsarm des Rheins. Sie ist der Hauptfluss Mittelbelgiens und mündet in mehreren Armen, die mit der Maas verbunden sind, in den Niederlanden in die Nordsee.
Der Waal ist der südliche Hauptmündungsarm des Rheins, der nördliche Arm der Lek. Von diesem zweigt bei Arnheim die Ijssel ab, über die etwa ein Neuntel des Rheinwassers in das Ijsselmeer fließt.

 **A** Kroatien, **B** Luxemburg, **C** Niederlande, **D** Russland, **E** Slowenien,
**F** Slowakische Republik.

 Der höchste mit dem Auto erreichbare Punkt der Alpen ist der **3 136 Meter** hohe Mont Chaberton in den französischen Meeralpen. Wer die knapp 15 km lange Schotterstraße bis zu seinem Gipfel befahren will, dem seien aber ein geländegängiges Fahrzeug, Schwindelfreiheit und ein stabiles Nervenkostüm empfohlen.
Die beiden höchsten Pässe der Alpen liegen ebenfalls in dieser Gegend. Es sind der Col de Bonette zwischen den Orten Jausiers und St. Étienne-de-Tinée mit 2 802 Meter, der mit Steigungen bis zu 17 % zugleich einer der steilsten Alpenpässe ist, und der Col d'Iseran zwischen Séez und Bonneval-sur-Arc mit 2 770 Meter. Der höchste Pass Österreichs, die Großglockner-Hochalpenstraße, bringt es dagegen nur auf schlappe 2 505 Meter.

 **Portugal** grenzt nicht an das Staatsgebiet Frankreichs an. Direkte Nachbarn von Frankreich sind Belgien, Luxemburg, Deutschland, die Schweiz, Italien, Monaco, Spanien, Andorra und – Brasilien.
Zum Staatsgebiet Frankreichs zählen nämlich auch die vier überseeischen Départements Réunion, Guadelopue, Martinique und Französisch-Guayana. Réunion, Guadelopue und Martinique sind Inseln im Indischen Ozean bzw. in der Karibik, Französisch-Guayana jedoch liegt in Südamerika und grenzt an Brasilien sowie an Surinam.
Zur Frage, ob Malawi und Simbabwe ein gemeinsame Grenze haben: Sie haben keine.

**Köln, Gardasee, Elba.**
Das größte der drei »geografischen Objekte« ist Köln mit einer Fläche von 408 km², gefolgt vom Gardasee mit 370 km². Die Insel Elba bringt es auf nur 224 km².

 **1c, 2a, 3b.**
Linz mit rund 190 000 Einwohnern liegt beiderseits der Donau, ist Landeshauptstadt von Oberösterreich und als Standort zahlreicher Schwerindustrieunternehmen eine bedeutende Industriestadt.
Lienz ist die Bezirkshauptstadt von Osttirol, das vom übrigen Bundesland Tirol durch die Abtrennung Südtirols räumlich isoliert ist. Lienz liegt an der Mündung der Isel in die Drau, hat etwa 12 000 Einwohner und ist das Fremdenverkehrszentrum der Lienzer Dolomiten.
Graz ist die Hauptstadt der Steiermark und erstreckt sich beiderseits der Mur im Grazer Becken. Mit etwas mehr als 260 000 Einwohnern ist Graz die zweitgrößte Stadt Österreichs, bedeutendes Kulturzentrum und die wichtigste Industriestadt der Steiermark.

 **A** Bulgarien (Sofia), **B** Ungarn (Budapest), **C** Tschechische Republik (Prag), **D** Litauen (Vilnius).

 **Kykladen:** Naxos, Santorin und Milos; **Südliche Sporaden**: Rhodos und Samos. Korfu gehört zu keiner der beiden Inselgruppen. Es liegt vor der Westküste Griechenlands im Ionischen Meer und zählt zu den Ionischen Inseln.

 Von Frankfurt am Main erreicht man mit dem Flugzeug am schnellsten **Madrid**, das rund 1 450 Kilometer entfernt ist.
Am weitesten entfernt ist Istanbul mit 1 850 Kilometern, Athen mit einer Entfernung von 1 800 Kilometern ist nur unwesentlich näher. Helsinki ist rund 1 500 Flugkilometer von Frankfurt entfernt.

 Insgesamt **sieben** nicht französische Sprachen koexistieren mit dem Französischen, wobei die Heimatsprachen von Zuwanderern, wie etwa das Arabische oder das Portugiesische, nicht mitgezählt sind.
Neben Französisch sprechen jeweils rund eine Million Menschen Bretonisch (in der Bretagne), Deutsch (im Elsass und in Ostlothringen) und Italienisch (in Korsika und der Region um Nizza). Etwa 400 000 Menschen sprechen Flämisch (in Französisch-Flandern um Dünkirchen), 200 000 Katalanisch (im Roussillon). Die früher von der aquitanischen Küste bis zur italienischen Grenze verbreitet provenzalische Sprache (»Langue d'oc«) wird dagegen nur noch von wenigen Menschen gesprochen. Im französischen Teil des Baskenlandes wird von 100 000 Menschen Baskisch gesprochen, die einzige lebende vorindogermanische Sprache in Westeuropa.

**Wien**, **Bratislava**, **Budapest** und **Belgrad** liegen an der Donau.
Die Donau und Wien gehören zusammen wie Wien und der Walzer – dass
die österreichische Hauptstadt an der Donau liegt, dürfte allseits bekannt
sein. Knapp 50 km flussabwärts von Wien liegt Bratislava, die Hauptstadt
der Slowakischen Republik. Die Hauptstadt von Ungarn, Budapest – nicht zu
verwechseln mit Bukarest, der rumänischen Hauptstadt –, liegt ebenfalls an
Europas zweitlängstem Fluss, wie auch Belgrad, die Hauptstadt Serbiens.
Die kroatische Hauptstadt Zagreb liegt dagegen nicht an der Donau. Und
Chişinău? Nie gehört? Chişinău ist die Hauptstadt von Moldawien und gleich-
falls nicht an der Donau gelegen.

 **Belgisch** ist keine Amtssprache Belgiens – eine belgische Sprache gibt es
nämlich überhaupt nicht.
Statt dessen wird im Norden des Landes Niederländisch gesprochen, das in
Belgien als Flämisch bezeichnet wird, im Süden das »Wallonisch« genannte
Französisch. Beide Sprachen sind Amtssprachen, dritte Amtssprache ist
Deutsch, das von einer Minderheit im Osten des Landes gesprochen wird.

 **Fuerteventura** gehört nicht zu den Balearen; es ist die zweitgrößte der
Kanarischen Inseln.
Neben der größten und bekanntesten Insel Mallorca mit der Hauptstadt
Palma umfassen die Balearen Menorca, Formentera und Ibiza sowie Cabrera
und mehrere kleine Felseninseln.

 Von den genannten Flüssen entspringt nur die **Loire** nicht in den Alpen.
Der mit 1 020 km längste Fluss Frankreichs hat seinen Ursprung am West-
abhang der Cevennen, dem südöstlichen Steilabfall des französischen Zentralmassivs zum Rhônebecken.
Der Rhein, der mit 1 320 km Länge größte und wasserreichste Fluss
Deutschlands und einer der wichtigsten Europas, entsteht aus der Vereinigung seiner beiden Quellflüsse Vorderrhein und Hinterrhein; beide entspringen im schweizerischen Kanton Graubünden. Die Quelle des Po, mit 652 km
der größte Fluss Italiens, liegt am Nordfuß des Monte Viso im italienischen
Teil der Cottischen Alpen. Die 812 km lange Rhône ist der zweitlängste und
wasserreichste Strom Frankreichs. Sie hat ihren Ursprung im Rhônegletscher
im Schweizer Kanton Wallis.

 Mit der naheliegenden Annahme, dass Leningrad vor seiner Umbenennung
selbstverständlich nur Sankt Petersburg geheißen haben kann, liegt man
falsch. Vor 1924 hieß Leningrad nämlich **Petrograd**. Diesen Namen bekam
die Stadt unter Zar Nikolaus II. nach Ausbruch des Ersten Weltkriegs 1914.
Zuvor hieß das spätere Leningrad allerdings seit seiner Gründung im Jahr
1703 Sankt Petersburg.

**34** **1c, 2f, 3d, 4a, 5e, 6b.**
Bis auf den Flughafen Paris-Orly, hinter Paris-Charles de Gaulle der zweitgrößte Flughafen Frankreichs, sind die genannten Flughäfen – gemessen an
der Zahl der abgefertigten Passagiere – die jeweils größten Ihrer Länder.

**35** **BG** Bulgarien, **BIH** Bosnien und Herzegowina, **BY** Weißrussland.
BIH als Kfz-Nationalitätszeichen ist auf das bosnische Bosna i Hercegovina
zurückzuführen, weswegen das »I« häufig kleiner dargestellt ist als das »B«
und das »H«. Weißrussland heißt amtlich Belarus; im englischen Sprachraum
ist daneben auch die Bezeichnung Belorussiya in Gebrauch, wovon sich das
Nationalitätszeichen BY ableitet.

**36** **Lettisch** und **Litauisch** sind baltische Sprachen – die beiden einzigen dieser
Sprachfamilie. Auch wenn Estland zum Baltikum zählt, gehört die estnische
Sprache nicht der baltischen Sprachfamilie an, sondern zu den finnougri-
schen Sprachen; sie ist mit dem Finnischen und Ungarischen verwandt.

**37** Das fast die gesamte italienische Halbinsel durchziehende Gebirge sind die
**Apenninen.** Ihr höchster Teil sind die östlich von Rom gelegenen Abruzzen.
Die Rhodopen sind ein Gebirge im Grenzbereich von Bulgarien und Griechenland, die Cevennen die südöstlichen Ausläufer des französischen Zentralmassivs.

**38** Es sind die folgenden Länder: BELGIEN, FRANKREICH, GROSSBRITANNIEN,
LITAUEN, LUXEMBURG, NIEDERLANDE, NORWEGEN, POLEN, PORTUGAL,
SPANIEN, UKRAINE, UNGARN

| N | A | G | O | L | D | P | G | L | I | T | E | S | A | M | B | U | R | W | F | R | D | E | L |
|---|---|---|---|---|---|---|---|---|---|---|---|---|---|---|---|---|---|---|---|---|---|---|---|
| A | E | Y | R | O | H | I | N | R | A | G | N | U | R | H | C | E | A | R | R | O | D | N | A |
| U | Z | D | G | I | R | S | I | O | U | K | R | A | I | N | E | O | U | A | G | N | G | E | N |
| E | I | R | E | N | E | E | D | C | A | B | E | L | G | I | E | N | E | Z | A | I | R | I | P |
| G | E | P | N | W | R | C | O | N | U | I | M | N | E | U | A | T | I | L | A | P | T | N | E |
| A | W | N | E | L | H | N | H | C | H | C | I | E | R | K | N | A | R | F | G | O | R | A | T |
| O | H | E | T | R | B | C | I | E | E | G | N | F | X | E | A | E | N | K | R | R | S | P | N |
| L | C | N | N | A | N | E | S | N | N | K | I | D | R | U | D | E | W | L | X | T | N | S | A |
| O | S | L | O | W | E | N | I | E | N | L | S | A | L | E | L | M | I | S | N | U | L | T | E |
| W | R | S | M | R | L | N | E | I | N | N | A | T | I | R | B | S | S | O | R | G | L | I | W |
| M | H | G | A | H | O | N | O | R | Z | I | U | N | O | R | W | E | G | E | N | A | C | H | D |
| I | T | A | Z | Y | P | E | R | N | U | A | O | E | D | N | G | R | T | L | M | L | P | E | B |

Die gesuchten Hauptstädte sind BRUESSEL, PARIS, LONDON, VILNIUS, LUXEMBURG, AMSTERDAM, OSLO, WARSCHAU, LISSABON, MADRID, KIEW, BUDAPEST sowie ATHEN, VALETTA, PODGORICA, STOCKHOLM, BERN, NIKOSIA.

| M | V | A | L | E | T | T | A | M | L | O | H | K | C | O | T | S | N |
|---|---|---|---|---|---|---|---|---|---|---|---|---|---|---|---|---|---|
| E | I | T | C | K | C | R | A | S | D | U | O | C | W | L | S | I | A |
| U | L | E | H | I | B | D | U | N | T | E | X | L | I | B | E | R | I |
| A | N | D | O | R | R | A | I | E | A | M | L | E | O | A | P | A | S |
| H | I | O | J | E | U | O | S | R | G | J | U | R | M | N | A | P | O |
| C | U | K | T | D | E | L | G | N | D | O | L | I | B | B | D | E | K |
| S | S | S | R | X | S | B | A | D | S | A | S | B | A | D | U | O | I |
| R | M | A | O | L | S | O | P | N | O | A | M | E | U | I | B | R | N |
| A | T | H | E | N | E | A | M | V | S | P | L | R | O | J | N | T | G |
| W | E | I | K | R | L | I | S | S | A | B | O | N | U | H | L | I | P |

 Am meisten regnet es natürlich – in **Rom**. Dort fallen im Jahresmittel 760 Millimeter Niederschlag. In Paris liegen die Niederschläge bei 650 Millimetern im Jahr. Die geringste Niederschlagsmenge hat Berlin mit 580 Millimetern zu verzeichnen, in London ist es mit 590 Millimetern jährlicher Regenmenge nur unwesentlich feuchter. Andererseits kann man auf den britischen Inseln an fast zweihundert Tagen im Jahr mit Regen rechnen. Die Wahrscheinlichkeit für einen verregneten Urlaub in England ist daher sehr viel größer als bei einem Italienurlaub, wo es seltener, dafür aber um so heftiger regnet, um nicht zu sagen: schüttet.

 Die Reihenfolge von Nord nach Süd lautet: **Valle d'Aosta**, **Molise**, **Kampanien**, **Basilikata**.
Valle d'Aosta, das Aostatal, liegt im äußersten Nordosten Italien und ist die kleinste italienische Region mit einer überwiegend französischsprachigen Bevölkerung. Kampanien ist die Region am Tyrrhenischen Meer um Neapel. Nördlich von Kampanien liegt Molise, das sich vom Apennin bis zur Adria erstreckt. Im Süden von Kampanien schließt sich die Region Basilikata an, die sich bis an den Golf von Tarent erstreckt.

Von den drei genannten Hauptstädten liegt **Madrid** mit 665 m über dem Meer am höchsten. Sofia liegt in 550 m Höhe, und Bern, obwohl nördlich der Berner Alpen im Schweizer Mittelland gelegen, bringt es auf lediglich 540 m.
Nur zwei europäische Hauptstädte liegen höher als Madrid. Dies ist zum einen Andorra la Vella, die Hauptstadt Andorras, mit 1 010 m, zum anderen San Marino, die Hauptstadt des gleichnamigen Zwergstaats, mit 750 m.

**43**  **1d, 2c, 3a, 4b**.
Mit 2 286 m ist der aus Ibsens Peer Gynt bekannte Snøhetta der höchste
Berg des norwegischen Dovrefjell. Im Smolikas erreicht der Pindos im Wes-
ten Griechenlands die Höhe von 2 637 m. Der 3 478 m hohe Mulhacén ist
die höchste Erhebung der Sierra Nevada in Andalusien im Süden Spaniens
und macht diese zum zweithöchsten Gebirge Europas (sofern man den
Kaukasus nicht als europäisches Gebirge versteht). Das Bergmassiv des
Aspromonte ist ein Teil des kalabrischen Apennin und liegt direkt an der
Stiefelspitze Italiens. Sein höchster Berg ist der Montalto mit 1 956 m.

**44** Die **Rhône** und der **Po** haben eine Deltamündung.
Bei der nach der Form des griechischen Buchstabens Delta benannten
Flussmündung, die durch vielfältige Verzweigung des Flusslaufs eine fächer-
förmige Gestalt erhält, baut der Fluss durch Ablagerung mitgeführter Stoffe
im Mündungsbecken seine Mündung vor, wobei das jährliche Vorrücken des
Deltas bei der Rhône bis 20 Meter, beim Po sogar bis 135 Meter beträgt.
Die Elbe und die Themse münden dagegen in einem Ästuar, einer unter
dem Einfluss der Gezeitenströme schlauch- oder trichterförmig erweiterten
Flussmündung, in der sich abfließendes Süßwasser und eindringendes
Meerwasser vermischen und mit den Gezeiten wechselnde Fließrichtungen
vorherrschen.

**45** **A** Tejo, **B** Rhein, **C** Loire, **D** Weichsel, **E** Rhône, **F** Ebro, **G** Elbe.
Die Flussverläufe im Mündungsbereich zeigen deutlich, dass neben der
Rhône – was wir ja bereits aus der vorigen Frage wissen – auch der Rhein
und die Weichsel Deltamündungen haben.

**46** **Preßburg** Bratislava, **Agram** Zagreb, **Laibach** Ljubljana, **Reval** Tallin.
Die kroatische Hauptstadt wird bei uns heute ausschließlich als Zagreb
bezeichnet, und der Name Agram ist weitgehend in Vergessenheit geraten.
Der alte Name Reval für die estnische Hauptstadt Tallin hat sich zwar etwas
länger halten können, wird aber ebenfalls kaum mehr verwendet.
Für die slowakische Hauptstadt Bratislava und für Ljubljana, die Hauptstadt
von Slowenien, kann man in der Presse dagegen neben den landessprachli-
chen Namen auch hin und wieder die deutschen lesen.

**47** Die Einwohner von Sardinien sind die **Sarden** oder die **Sardinier** – beides ist
möglich..
Aber warum heißen sie nicht Sardinianer? Schließlich nennt man die Einwohner von Sizilien ja auch Sizilianer und nicht Sizilier. Gute Frage! Vermutlich
aus dem gleichen Grund, warum die Bewohner Irlands Iren heißen, die von
Island dagegen Isländer und nicht etwa Isen. Und die Antwortalternative
Sardinen haben Sie hoffentlich nicht ernst genommen.

**A** ist die Flagge **Österreichs** und steht für das Land, das Hammer und Sichel in seinem Wappen führt. Das österreichische Staatswappen zeigt einen schwarzen Adler, der in seinem linken Fang einen goldenen Hammer für den Arbeiterstand und in seinem rechten Fang eine goldene Sichel als Symbol für die Bauern trägt.
Die Flagge von **Spanien (B)** zeigt das Staatswappen, an dem man erkennen kann, dass Spanien als Antwort nicht infrage kommt. Flagge **C** ist die von **Bulgarien**, dessen Staatswappen drei Löwen zieren.

 Die größte Insel der Ostsee ist die dänische Hauptinsel **Seeland**, auf der auch die Hauptstadt Kopenhagen liegt.
Die östlich von Schweden in der Ostsee gelegenen Inseln Gotland und Öland sind die beiden größten schwedischen Inseln. Jütland ist keine Insel – die Halbinsel zwischen Nordsee, Skagerrak, Kattegat und Ostsee ist der festländische Teil Dänemarks.

 Der kleinere Teil von Kopenhagen liegt auf **Amager**, einer 95 km² großen Insel im Øresund.
Fünen ist die zweitgrößte, Falster die fünftgrößte dänische Ostseeinsel. Fanø liegt vor der Westküste Jütlands in der Nordsee und zählt zu den nordfriesischen Inseln.

 Die nördlichste Millionenstadt Europas ist **Sankt Petersburg**. Die 4,9 Millionen Einwohner zählende Stadt, die zweitgrößte Russlands, liegt in 59 Grad 55 Minuten nördlicher Breite und ist damit gleichzeitig die nördlichste Millionenstadt der Erde.
Von den genannten Städten liegt nur Helsinki mit 60 Grad 10 Minuten nördlicher Breite weiter im Norden als Sankt Petersburg. Mit nur etwa 590 000 Einwohner ist die Hauptstadt Finnlands aber keine Millionenstadt, genau so wenig wie Stockholm mit rund 855 000 Einwohnern. Die schwedische Hauptstadt liegt in 59 Grad 20 Minuten nördlicher Breite.
Kopenhagen schließlich hat knapp 1,2 Millionen Einwohner und liegt in »nur« 55 Grad 40 Minuten nördlicher Breite – immerhin aber mehr als 6 Grad weiter nördlich als Vancouver.

 Der **Wurzenpass** führt von Kärnten in Österreich über die Karawanken nach Slowenien. Mit einer Passhöhe von nur 1 071 m ist er einer der niedrigsten der Alpenpässe, mit Steigungen von bis zu 18 % zugleich aber auch einer der steilsten.
Das Timmelsjoch zwischen Tirol und Südtirol weist Steigungen von bis zu 13 % auf, das Stilfser Joch ist der höchste Gebirgspass Italiens mit Steigungen von maximal 12 %. Steigungen von bis zu 12 % weist auch der Malojapass zwischen dem Engadin in der Schweiz und Italien auf.

Die Bundesrepublik Jugoslawien bestand bis 1991 aus **sechs** Teilrepubliken (Bosnien und Herzegowina, Kroatien, Makedonien, Montenegro, Serbien und Slowenien), aus denen **sieben** souveräne Staaten hervorgegangen sind. Slowenien und Kroatien erklärten am 25./26. Juni 1991 als erste Teilrepubliken ihre Unabhängigkeit. Am 19. November desselben Jahres folgte Makedonien, am 3. März 1992 erklärte sich Bosnien und Herzegowina zum unabhängigen Staat. Am 3. Juni 2006 zerfiel Restjugoslawien durch die Unabhängigkeitserklärung von Montenegro in die beiden Staaten Montenegro und Serbien. Schließlich erklärte sich am 17. Februar 2008 die autonome serbische Provinz Kosovo einseitig für unabhängig. Die Unabhängigkeit des Kosovo wird von zahlreichen Staaten und insbesondere von Serbien nicht anerkannt.

 Das Périgord liegt **südwestlich von der Auvergne** und **östlich vom Bordelais**. Die Auvergne ist im Wesentlichen das Gebiet des französischen Zentralmassivs mit Clermont-Ferrand als größter Stadt, das Bordelais die Region am Unterlauf der Garonne um die Stadt Bordeaux. Das Languedoc liegt im Osten vom Périgord, die Gascogne im Südwesten davon.

 Sowohl **Belgien** und **Frankreich** als auch **Luxemburg** haben Anteil an den Ardennen, wobei der flächenmäßig größte und auch höchste Teil im Südosten Belgiens liegt. Den Nordrand der Ardennen bildet die Maas mit ihrem Nebenfluss Sambre. Die südlichste niederländische Provinz, Limburg, reicht nördlich von Lüttich zwar nahe an den Nordrand der Ardennen heran, aber eine Distanz von etwa 10 km verhindert einen von den Niederlanden heiß ersehnten Anteil an einem Gebirge.

 Die Größenabfolge ist **Finnland**, **Norwegen**, **Polen**, **Italien**, **Großbritannien**, **Rumänien**.
Die Fläche Finnlands beträgt etwa 95 % der von Deutschland. Dahinter folgen Norwegen (91 % der Fläche von Deutschland), Polen (88 %), Italien (84 %) und Großbritannien (68 %). Die Fläche von Rumänien, des kleinsten dieser sechs Länder, liegt bei ziemlich genau zwei Dritteln von der Deutschlands.

 Der Salzgehalt ist in der **Ostsee am niedrigsten**, im **Mittelmeer am höchsten**. Als Nebenmeere des Atlantiks ist die Durchmischung ihrer Wassermassen mit dem offenen Ozean eingeschränkt, und so ist je nach Süßwasserzufuhr und Verdunstung ihr Salzgehalt geringer (Ostsee: 0,4 bis 2 %) oder höher (Mittelmeer: um 3,8 %). Die Nordsee ist ein Randmeer des Atlantiks, mit dem eine gute Durchmischung gewährleistet ist. Ihr Salzgehalt von 3,5 % unterscheidet sich daher nicht von dem des Ozeans.

**108**

Die sieben Nachbarländer von Ungarn – im Uhrzeigersinn und beginnend im Norden – sind: **A Slowakische Republik**, **B Ukraine**, **C Rumänien**, **D Serbien**, **E Kroatien**, **F Slowenien**, **G Österreich**.

 Das Balkangebirge ist ein schmaler, 600 km langer und bis zu 2 376 m hoher Gebirgszug, der sich in Ost-West-Richtung durch ganz **Bulgarien** zieht und das Land in das nördliche Donaubulgarien und das südliche Hochbulgarien teilt. Ein kleiner Teil im äußersten Westen des Gebirges gehört zu Serbien.

 **1b**, **2e**, **3d**.
Bessarabien ist eine Landschaft nördlich des Schwarzen Meers zwischen den Flüssen Pruth und Dnister, die im Wesentlichen in Moldawien liegt; nur der nördlichste Teil gehört zur Ukraine. Galicien ist eine historische Landschaft und zugleich autonome Region im Nordwesten Spaniens und sollte nicht mit der zu Polen und der Ukraine gehörenden Landschaft Galizien im nördlichen Vorland der Karpaten verwechselt werden. Karelien ist eine historische Region in Nordosteuropa, deren größter Teil der russischen Republik Karelien entspricht; der kleinere westliche Teil gehört zu Finnland.

 Obwohl es das kleinste der vier Länder ist, hat **Dänemark** mit 7 300 km die längste Küste. Das liegt daran ist, dass Dänemark – neben seinem festländischen Anteil – aus einer Handvoll großer und einer Vielzahl kleinerer Insel besteht, deren Küstenlängen alle zur Gesamtlänge der dänischen Küste beitragen.
Die Küstenlänge von Spanien liegt bei knapp 5 000 km, die von Frankreich bei rund 3 400 km; die schwedische Küste misst etwa 3 200 km.

 Mit rund 500 Einwohner je km$^2$ ist **San Marino** zwar das Land mit der viertgrößten Bevölkerungsdichte in Europa, im weltweiten Vergleich liegt es aber nur irgendwo in der Nähe von Platz 10.
Der am dichtesten besiedelte Staat der Erde ist Monaco. Hier drängen sich 33 000 Menschen auf 2 km$^2$, was einer Bevölkerungsdichte von mehr als 16 000 Einwohnern pro km$^2$ entspricht. Auf Platz 3 liegt die Vatikanstadt mit etwa 1500 Einwohner/km$^2$, Platz 4 belegt Malta mit knapp 1300 Einwohner/km$^2$.
Platz 2 der Weltrangliste nimmt übrigens Singapur mit rund 6 500 Einwohner/km$^2$ ein.

Der Anteil der Monegassen an den Einwohnern Monacos liegt bei gerade mal **22 %**. Mit 28 % stellen französische Staatsangehörige den größten Teil der Bevölkerung Monacos, danach kommen Staatsangehörige aus Italien mit 19 %. Den verbleibenden Rest von 31 % setzt sich aus Angehörigen verschiedener Nationalitäten zusammen, allen voran die Briten.

 Es sind die Städte **Valence, Amiens** und **Grenoble**.
Valence und Grenoble liegen beide in der südwestfranzösischen Region Dauphiné, Amiens in der nordfranzösischen Region Picardie.
Charleroi ist die drittgrößte Stadt Belgiens, Aix-la-Chapelle der französische Name von Aachen und Nyon eine Stadt in der Schweiz am Genfer See.

 **1d, 2a, 3b, 4c**.
Die Portugiesen haben für ihre Hauptstadt die gleiche Bezeichnung wie die Spanier: Lisboa.

 Die Meerenge, die Sizilien von Kalabrien, der Spitze des italienischen Stiefels, trennt, ist die **Straße von Messina**.
Die Sizilische Straße ist die Meeresstraße zwischen Sizilien und Tunesien.
Die Straße von Otranto liegt zwischen dem Absatz des italienischen Stiefels und Albanien, die Straße von Bonifazio trennt Sardinien und Korsika.

 **1b, 2b, 3d, 4b**.
Die Walachei ist eine historische Region im Süden von Rumänien. Transsylvanien, auch unter seinem deutschen Namen Siebenbürgen bekannt, ist die Region im Karpatenbogen im Zentrum des Landes. Dobrudschda ist die Landschaft zwischen dem Unterlauf der Donau und dem Schwarzen Meer. Sie liegt zum größeren Teil im Osten Rumäniens, ein kleinerer Teil gehört zu Bulgarien. Slawonien ist eine historische Region im Osten Kroatiens.

 Variante A: **Salzburg, Solothurn, Vorarlberg** und **Wien**,
Variante B: **Oberösterreich** und **Tirol**.

 Das Kuckucksei ist **Spitzbergen – Dänemark**.
Zum einen gehört Spitzbergen nicht zu Dänemark, sondern ist eine von Norwegen verwaltete Inselgruppe, während die Inseln Aruba, Réunion und Madeira politisch zu den Niederlanden, zu Frankreich bzw. zu Portugal gehören. Zum anderen zählt geografisch gesehen nur Spitzbergen zu Europa. Aruba als Karibikinsel gehört zu Südamerika. Réunion liegt im Indischen Ozean, Madeira im Atlantischen Ozean; beide werden geografisch Afrika zugerechnet.

Mit einer mittleren Höhe von 300 Metern ist **Europa** der am tiefsten gelegene Kontinent.
Nach Europa kommt Australien mit 350 Metern, Afrika ist im Mittel 650 Meter hoch gelegen. Die Antarktis läuft bei dieser Frage außer Konkurrenz, denn bei ihr ist es schwierig bis unmöglich, eine genaue Höhe anzugeben, da der Kontinent unter einer etwa 2 000 Meter, zum Teil aber auch über 4 000 Meter mächtigen Inlandeisdecke begraben liegt. Rechnet man dieses Inlandeis hinzu, dann erreicht die Antarktis eine mittlere Höhe von rund 2 000 Metern.

 Die Strecke vom Südpol zum Erdmittelpunkt ist um etwa **2 750 Meter größer** als die vom Erdmittelpunkt zum Nordpol.
Die Erklärung hierfür ist einfach: Der Südpol liegt in einer Höhe von 2 765 Metern, der Nordpol hingegen, abhängig von der Dicke der dortigen Eisdecke, nur knapp über dem Meeresspiegel. Normalerweise bleiben bei Größenangaben der Erde Reliefunterschiede der Erdoberfläche aber unberücksichtigt. Durchmesser oder Meridianlängen werden stets auf das sogenannte Geoid bezogen, einen mathematischen Körper, der die Erdgestalt bezogen auf eine Fläche konstanten Schwerepotenzials beschreibt. Doch auch dieses Geoid ist kein ideales Rotationsellipsoid, es hat Dellen und Beulen. So ist es im Indischen Ozean etwa 50 Meter tief eingedellt, im südwestlichen Pazifik hat es eine ebenso große Beule.

 **Okinawa** gehört nicht zu den vier Hauptinseln Japans, sondern ist die größte Insel der Ryūkyūinseln, die etwa 1 500 km südwestlich von Tokio auf halber Strecke zwischen Kyūshū, der südlichsten japanischen Hauptinsel, und Taiwan liegt. Die größte der vier Hauptinseln ist Honshū mit der Hauptstadt Tokio, gefolgt von Hokkaidō, Kyūshū und Shikoku.

**A** Pakistan, **B** Saudi-Arabien, **C** Iran, **D** Afghanistan.

 **a**, **d** Afghanistan, **b** Pakistan, **c** Iran. Paschtu ist die Sprache der Paschtunen, die mit rund 40 % die größte Volksgruppe in Afghanistan stellen. Zweitgrößte Bevölkerungsgruppe sind die Tadschiken, die etwa ein Viertel der Gesamtbevölkerung stellen; sie sprechen Dari, einen neupersischen Dialekt. Die einzige Amtssprache in Iran ist Farsi, die in arabischem Alphabet geschriebene neupersische Sprache. Das indoarische Urdu, wiewohl von nur rund einem Zehntel der Einwohner als Muttersprache gesprochen, ist die offizielle Amtssprache Pakistans.

Von den genannten Staaten liegen **Benin**, **Botswana**, **Burkina Faso** und **Burundi** in Afrika. Belize dagegen ist ein Staat in Mittelamerika, und Brunei liegt auf der Insel Borneo in Südostasien.

**Dahomey** Benin, **Obervolta** Burkina Faso.

Benin ist ein Staat in Westafrika am Golf von Guinea. Von 1904–58 gehörte das Land als Kolonie Dahomey zu Französisch-Westafrika, dann als autonome Republik zur Französischen Gemeinschaft. 1960 wurde Dahomey unabhängig und heißt seit 1975 Benin. Obervolta ist der nördliche Nachbar von Benin. Unter dem Namen Obervolta war es wie Benin Teil von Französisch-Westafrika und erhielt im selben Jahr seine Unabhängigkeit. 1984 wurde der Landesname in Burkina Faso geändert.

Das ehemalige (Süd-)Rhodesien in Südostafrika, nicht zu verwechseln mit Nordrhodesien, dem heutigen Sambia, wurde 1980 unter dem Namen Simbabwe unabhängig. Basutoland heißt heute Lesotho und Tanganjika ist seit der Vereinigung mit Sansibar 1964 Teil des heutigen Tansania.

 **Das hängt ganz von der Sichtweise ab.**

Wenn man mit »größtem See« das größte Binnengewässer meint, dann ist es unbestreitbar das Kaspische Meer mit einer Fläche von 371 000 km². Wie der Name »Meer« aber schon sagt, ist das Kaspische Meer kein Süßwassersee; lokal kann es mit Salzgehalten von bis zu drei Prozent so salzig wie die Weltmeere sein.

Mit rund 82 400 km² ist der Obere See in Nordamerika flächenmäßig der größte Süßwassersee der Erde. Hinsichtlich der Wassermenge kann jedoch der »nur« 31 500 km² große Baikalsee in Sibirien das Prädikat »größter See der Erde« für sich beanspruchen. Bei einer Tiefe bis zu 1 637 Metern enthält er mehr Süßwasser als alle fünf Großen Seen Nordamerikas zusammen.

 Bismarck, Darwin, Lincoln und Montgomery sind die **Namen von Städten**, wobei das australische Darwin ein wenig aus der Reihe tanzt, denn die anderen drei liegen in den USA und sind die Hauptstädte von Bundesstaaten. Bismarck (50 000 Einwohner) ist die Hauptstadt von North Dakota, Lincoln (190 000 Einwohner) jene von Nebraska. Sie wurden nach den Politikern Otto von Bismarck und Abraham Lincoln benannt. Im Gegensatz dazu hat der Name der Hauptstadt von Alabama, Montgomery (190 000 Einwohner), mit dem britischen Feldmarschall Bernard Montgomery nichts zu tun. Darwin (78 000 Einwohner) ist die Hauptstadt des Northern Territory von Australien. Ihr Namenspate war der britische Naturforscher Charles Darwin.

 **Ecuador** hat keine gemeinsame Grenze mit Brasilien. Es liegt ganz im Westen des südamerikanischen Kontinents und grenzt an Kolumbien und Peru. Paraguay grenzt im Süden an Brasilien, Surinam, das ehemalige Niederländisch-Guayana, und Guyana, das frühere Britisch-Guayana, sind nördliche Nachbarn Brasiliens.

Der **Kiwi** ist kein Wappentier von **Neuseeland**. Überhaupt führt Neuseeland, von einem Schafsfell abgesehen, nichts Tierisches im Wappen, und das, obwohl die Neuseeländer dem wohl typischsten Vertreter ihrer Fauna, dem Kiwi, ihren Spitznamen verdanken.

Neben dem Emu wurde das Känguru zum Wappentier Australiens erkoren – sie sollen den Fortschritt symbolisieren, da beide Tiere sich nur vorwärts bewegen können. Für den großen Tierreichtum des südafrikanischen Landes steht das Zebra im Wappen Botswanas. Das Vikunja, die Stammform des domestizierten Alpakas, im Wappen Perus steht stellvertretend für die Fauna des Landes. Im Wappen Eritreas wird das Dromedar als »treuer Weggefährte des eritreischen Volkes« während des Befreiungskampfs gewürdigt.

 Die eine der Weihnachtsinseln liegt im **östlichen Indischen Ozean** südlich von Java, etwa 1 500 km nordwestlich von Australien, von dem die Insel auch politisch verwaltet wird. Sie wurde am 25. Dezember 1643 von dem Niederländer William Mynors entdeckt.

Am 24. Dezember 1777 entdeckte James Cook die andere Weihnachtsinsel. Mit 575 km² ist sie eines der größten Atolle im **westlichen Pazifik**. Sie heißt heute amtlich Kiritimati und gehört zu dem an der Datumsgrenze und in Äquatornähe liegenden Inselstaat Kiribati.

Beide Eilande werden von jeweils rund 2 500 Weihnachtsinsulanern bewohnt.

 Den Union Jack zeigen **Australien**, **Fidschi**, **Neuseeland** und **Tuvalu** in ihren Staatsflaggen.

| Australien | Bahamas | Fidschi |
| Kanada | Neuseeland | Tuvalu |

 Lediglich **El Salvador**, das kleinste der sieben mittelamerikanischen Länder, ist kein Anrainer des Karibischen Meeres, sondern nur des Pazifischen Ozeans. Guatemala, Nicaragua, Honduras, Costa Rica und Panama haben sowohl eine pazifische als auch eine karibische, Belize nur eine karibische Küste.

Die Freiheitsstatue steht an der Hafeneinfahrt von New York, aber weder auf Boden der Stadt noch dem des Staates New York. Liberty Island gehört zum Stadtgebiet von **Jersey City** im Staat New Jersey.

Dennoch ist die »Statue of Liberty«, von der UNESCO zum Weltkulturerbe erklärt, zum Wahrzeichen New Yorks und zu einem Symbol der Freiheit schlechthin geworden. Eingeweiht wurde die 46 Meter hohe Statue auf einem 47 m hohen Granitsockel am 28. Oktober 1886 durch Präsident Cleveland. Die Gesichtszüge des 225 Tonnen schweren Standbilds modellierte der Bildhauer Frédéric Auguste Bartholdi, das Stahlskelett im Innern wurde von Gustave Eiffel, dem Erbauer des Eiffelturms, konstruiert.

 Die Grenze zwischen Uganda und der Demokratischen Republik Kongo verläuft sowohl durch den **Eduardsee** als auch durch den **Albertsee**. Es sind die beiden nördlichsten Seen der Seenkette, die sich entlang des Ostafrikanischen Grabenbruchs erstreckt.

Den östlich davon liegenden Victoriasee teilen sich Uganda, Kenia und Tansania. Rudolfsee ist der frühere Namen des Turkanasees im Norden Kenias, dessen nördlichster Zipfel zu Äthiopien gehört.

 Die Anrainerstaaten des östlichen Mittelmeers, des Levantinischen Meers, insbesondere deren Küste, werden als **Levante** bezeichnet. Zu ihnen zählen unter anderem Zypern, der Libanon und Israel.

Der Maghreb ist der westliche Teil der arabisch-muslimischen Welt und umfasst im Wesentlichen Tunesien, Algerien und Marokko. Die Algarve ist die Südküste Portugals.

 Die folgenden Gebirge sind in dem Diagramm versteckt:
ALTAI, ANDEN, APPALACHEN, ATLAS, HIMALAJA, HINDUKUSCH, KARAKO-RUM, KAUKASUS, PAMIR, TIENSCHAN, TAURUS, URAL

| V | A | S | L | S | U | R | U | A | T | N |
|---|---|---|---|---|---|---|---|---|---|---|
| H | C | S | U | K | U | D | N | I | H | M |
| E | T | T | R | S | I | T | E | C | R | U |
| R | I | M | A | P | A | N | R | S | A | R |
| D | A | T | L | A | S | K | D | I | C | O |
| P | N | U | B | C | E | I | U | S | N | K |
| N | D | Y | H | I | M | A | L | A | J | A |
| M | E | A | H | V | W | T | B | T | K | R |
| E | N | E | H | C | A | L | A | P | P | A |
| G | G | D | N | E | R | A | O | G | T | K |

Die Wasserfälle des Sambesi, an denen der 1 700 m breite Strom in eine nur 50 m breite Schlucht stürzt, sind die zum Weltnaturerbe der UNESCO gehörenden **Victoriafälle**. Bis zu 500 000 Kubikmeter Wasser stürzen hier pro Minute 110 m in die Tiefe. Ihren Namen – zu Ehren der englischen Königin Victoria – erhielten die nahe der sambesischen Provinzhauptstadt Livingstone an der Grenze zwischen Sambia und Simbabwe gelegenen Wasserfälle von dem britischen Afrikaforscher David Livingstone, von dem sie 1855 entdeckt wurden.
Die Livingstone zu Ehren benannten Livingstonefälle liegen dagegen am Unterlauf des Kongo in der Demokratischen Republik Kongo. Die Iguaçufälle des Río Iguaçu, einem linken Nebenfluss des Paraná in Südbrasilien an der Grenze zu Argentinien, gehören ebenfalls zum Weltnaturerbe der UNESCO.

 Als erster Pol wurde 1831 der **nördliche magnetische Pol** – der seinerzeit im Norden Kanadas lag und wegen der Eigenschaften des Erdmagnetfelds eigentlich eine magnetischer Südpol ist – von den britischen Polarforschern John und James Ross erreicht bzw. entdeckt. Es dauerte noch achtzig Jahre, bis der Norweger Raold Amundsen 1911 als Erster am **geografischen Südpol** stand. Der Brite Ernest Shackleton war 1909 der Erste am **südlichen magnetischen Pol**, der nahe der antarktischen Küste liegt, und im gleichen Jahr erreichte der Amerikaner Robert Peary den **geografischen Nordpol**.

 **Keine davon** ist richtig. In Europa gibt es keinen Punkt, der so weit südlich liegt wie Los Angeles. Mit rund 34 Grad nördlicher Breite liegt die Stadt nämlich etwa auf demselben Breitengrad wie die marokkanische Hauptstadt Rabat. Athen liegt rund 4 Grad, Madrid 6 Grad und Paris sogar 15 Grad weiter nördlich als Los Angeles.

 Die Größenabfolge **Hawaii**, **Maui**, **Oahu**, **Kauai** ist identisch mit der Ost-West-Abfolge und entspricht auch der Abfolge zunehmender Entstehungsalter der vulkanisch gebildeten Inseln.
Die Insel Hawaii, die zur Unterscheidung von dem Namen des Archipels bzw. des amerikanischen Bundesstaats Hawaii auch als Big Island bezeichnet wird, ist mit 10 433 km$^2$ mehr als doppelt so groß wie Maui (1 833 km$^2$), Oahu (1 545 km$^2$) und Kauai (1 431 km$^2$) zusammen.

 Am **Ontariosee** hat Michigan keinen Anteil.
Der Bundesstaat Michigan als zentraler Staat der Region der Großen Seen wird durch den Michigansee in eine Nord- und eine Südhälfte geteilt. Beide Teile haben Anteil am Michigansee und am Huronsee, der nördliche Teil daneben noch am Oberen See, der südliche zusätzlich am Eriesee.

**Chicago** Michigansee, **Toronto** Ontariosee, **Cleveland** Eriesee.

 Kabardino-Balkarien, Dagestan und Karatschai-Tscherkessien sind Republiken innerhalb der Russischen Föderation. Sie liegen im **Kaukasus** bzw. in dessen nördlichem Vorland.
Die Karpaten sind ein Gebirge im östlichen Mitteleuropa. Der Karakorum ist das zweithöchste Gebirge der Erde und liegt im Grenzgebiet des indischen und pakistanischen Teils von Kaschmir zu China. Das Kopet-Dag-Gebirge ist das Grenzgebirge zwischen Iran und Turkmenistan.

 **1b**, **2d**, **3a**, **4c**.
Mişr ist der in lateinische Buchstaben transkribierte arabische Namen von Ägypten. Algerien bezeichnet sich selbst als al-Djazaïr, was im Arabischen »die Inseln« bedeutet. Jordanien nennt sich al-Urdun nach Urdun, dem arabischen Namen für den Jordanfluss. Die Eigenbezeichnung Marokkos ist al-Maghrib, »der Westen«.

 **CL** Sri Lanka, **YV** Venezuela, **ROU** Uruguay, **GCA** Guatemala, **DZ** Algerien, **ZW** Simbabwe.
CL steht für den alten Namen Ceylon, den die Insel Sri Lanka früher trug. YZ ist das Kennzeichen venezolanischer Flugzeuge, wobei die Herkunft des Buchstabens Y rätselhaft ist. ROU steht für República Oriental de Uruguay, GCA für die englische Bezeichnung Guatemala Central America. DZ für Algerien dürfte nach der vorigen Frage keiner Erklärung mehr bedürfen, und ZW steht für den englischen Namen Zimbabwe

 Von den sechs Ländern waren **Sri Lanka** (unter dem Namen Ceylon) und **Simbabwe** (das ehemalige Südrhodesien) britische Kolonien. In diesen gilt heute Linksverkehr. In Venezuela, Uruguay, Guatemala und Algerien wird dagegen auf der richtigen, sprich rechten, Straßenseite gefahren.

 **Keiner** von beiden.
Der Euphrat, mit einer Länge von 3 380 km der größte Strom Vorderasiens, entspringt mit seinen Quellflüssen Karasu (Westlicher Euphrat) und Murat (Östlicher Euphrat) im Hochland Ostanatoliens (Türkei) und quert das syrisch-irakische Tafelland. Zusammen mit dem Tigris umschließt er das unterirakische Tiefland, in dem sich die Kulturen Mesopotamiens – die altorientalischen Stadtstaaten und Reiche der Sumerer, Akkader, Babylonier und Assyrer – entwickelten.
Der 1 950 km lange Tigris, an dem die irakische Hauptstadt Bagdad liegt, entspringt ebenfalls in der östlichen Türkei. Mit dem Euphrat vereinigt er sich zum etwa 200 km langen gemeinsamen Mündungsstrom, dem Schatt el-Arab (»Strom der Araber«), der dann in den Persischen Golf mündet.

**A** Kuba, **B** Sri Lanka, **C** Madagaskar, **D** Borneo.
Da in unterschiedlichem Maßstab dargestellt, wirken die Inseln ähnlich groß, doch ist Borneo (mit einer Fläche von rund 747 000 km$^2$) rund 11,4-mal so groß wie Sri Lanka mit »nur« 65 600 km$^2$. Madagaskar (587 000 km$^2$) und Kuba (111 000 km$^2$) sind 8,9- bzw. 1,7-mal so groß wie Sri Lanka.

 **1b**, **2d**, **3a**, **4c**.
Die größten und bekanntesten Städte Floridas sind Miami und Tampa, Hauptstadt des »Sonnenscheinstaats« ist aber das auf kaum einer Karte kleineren Maßstabs zu findende Tallahassee (160 000 Einwohner).
Die Hauptstadt von Alaska ist Juneau mit gerade mal 30 000 Einwohnern, und nicht etwa die weitaus bekanntere, zehnmal größere Stadt Anchorage.
Baton Rouge (230 000 Einwohner) ist die Hauptstadt von Louisiana. New Orleans ist nur etwa doppelt so groß, dafür aber bestimmt hundert Mal bekannter.
Mit 2,7 Millionen Einwohnern (8,7 Millionen, wenn man die städtische Agglomeration betrachtet) ist Chicago die größte Stadt von Illinois und die drittgrößte der USA. Hauptstadt des Bundesstaats ist aber das 115 000 Einwohner zählende Springfield.

 Die **Elfenbeinküste** wird nicht vom Niger durchflossen, doch entspringt dort sein größter rechter Nebenfluss, der Bani.
Nach seinem Ursprung in nur 490 m Höhe durchfließt der Niger in einem weiten Bogen Guinea, Mali und den Staat Niger, dessen Grenze zu Benin er teilweise bildet. In Nigeria mündet er in den Atlantik. Obwohl der Niger größtenteils durch regenarme Wüste und Savanne fließt, hat er an seiner Mündung – nach dem Kongo – mit 30 000 Kubikmetern pro Sekunde die zweitgrößte Wasserführung aller afrikanischen Flüsse.

 **Kamerun**, der südliche Nachbar von Nigeria, ist kein Nachbarstaat Nigers. Neben Mali, Benin und Nigeria sowie Algerien, Libyen und Tschad ist Burkina Faso dessen siebter Nachbarstaat.

 Anrainerstaaten des Aralsees sind (derzeit noch) **Usbekistan** und **Kasachstan**. Durch die ständig steigende Wasserentnahme aus seinen Zuflüssen Amudarja und Syrdarja für die landwirtschaftliche Bewässerung sind diese beiden Länder dafür verantwortlich, dass der Aralsee heute nur noch knapp ein Zehntel seines ursprünglichen Wasservolumens führt.

 Meeresstraße zwischen den beiden Hauptinseln Neuseelands ist die **Cook-Straße**.
Die Bass-Straße trennt Australien von Tasmanien, die Torresstraße liegt zwischen Australien und Neuguinea.

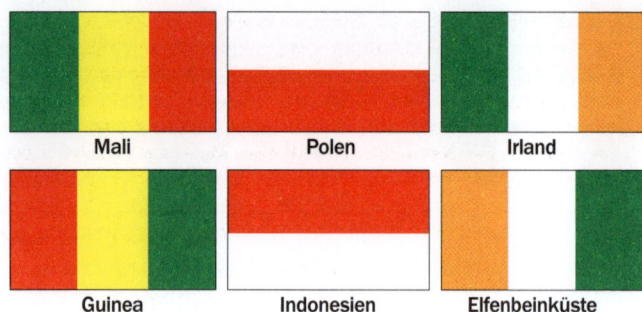

| Mali | Polen | Irland |
| --- | --- | --- |
| Guinea | Indonesien | Elfenbeinküste |

 Sowohl die Inselgruppe der **Kapverden**, vor der Westküste Afrikas im Atlantischen Ozean gelegen, als auch die der **Komoren** vor der Ostküste Afrikas sind vulkanischen Ursprungs.
Von den Koralleninseln im Südwesten abgesehen, werden die Inseln der Seychellen von Granit gebildet, bei ozeanischen Inseln ein einzigartiger Fall. Die rund 2000 Insel der Malediven sind aus Korallenriffen entstanden.

 Von allen Kontinenten hat nur **Australien** keine Gletscher, es sei denn man rechnet die Inseln Ozeaniens, Neuguinea und Neuseeland zum australischen Kontinent. In den südamerikanischen Anden gibt es zahlreiche Gebirgsgletscher und selbst Afrika hat im Gebiet des Kilimandscharo, ganz in Äquatornähe, eine Gletscherfläche von etwa zehn Quadratkilometern Größe aufzuweisen. Diese ist jedoch stark im Schrumpfen begriffen; bis 2015 soll sie ganz verschwunden sein, sofern es nicht bereits geschehen ist, wenn Sie dieses Buch in den Händen halten.
Denn Angaben zur Größe von Gletschern sind keine Naturkonstanten; ihr Verfallsdatum wird immer kürzer. Schuld daran ist die Erwärmung des Erdklimas, die die Eisschicht der Erde in immer stärkerem Ausmaß schmelzen lässt. So schrumpfte der Rhônegletscher in den Schweizer Alpen in den vergangenen hundert Jahren auf die Hälfte seiner Größe, und im Sommer 2000 war, vermutlich zum ersten Mal seit mehreren Millionen Jahren, die Eisdecke der Arktis über dem Nordpol geschmolzen.

 Das **Tote Meer** und das **Kaspische Meer**. Beides sind keine Meere im eigentlichen Sinn, sondern Salzwasserseen. Die Seeoberfläche des Toten Meers ist die am tiefsten gelegene der Erde und liegt bei fallender Tendenz derzeit 420 m unter dem Meeresspiegel, die des Kaspischen Meers 28 m unter Normalnull. Das Rote Meer und das Schwarze Meer sind Nebenmeere des Indischen bzw. des Atlantischen Ozeans. Ihre Wasseroberflächen liegen auf normalem Meeresspiegelniveau.

Der höchstgelegene See der drei genannten Seen ist der 8 100 km² große **Titicacasee** in den südamerikanischen Anden in 3 812 m Höhe. Er ist der größte Hochlandsee der Erde und gleichzeitig der größte See Südamerikas, wenn man vom 13 000 km² großen Maracaibosee in Venezuela absieht, der als Rest einer verlandenden Meeresbucht jedoch streng genommen kein Binnensee ist. Das bis zu 281 m tiefe »Heilige Meer« der Inkas hat trotz seiner hohen Gebirgslage ganzjährig eine konstante Wassertemperatur um 13 °C. Der 5 000 km² große Koko Nor liegt im zentralchinesischen Transhimalaja in einer Höhe von 3 205 m und friert, wie es sich gehört, im Winter zu.

 Als Westindische Inseln werden die Inseln Mittelamerikas bezeichnet, die in einem 4 000 km langen Bogen zwischen Kuba und Trinidad das **Karibische Meer** vom **Atlantischen Ozean** trennen. Sie werden in drei Gruppen gegliedert: die Bahamas, die Großen Antillen (Kuba, Jamaica, Hispaniola und Puerto Rico) und die Kleinen Antillen (Jungferninseln bis Trinidad). Der Name Westindische Inseln rührt daher, dass sich Christoph Kolumbus bei ihrer Entdeckung in Indien wähnte.

 **Grenada**, **Barbados**, **Saint Lucia** und **Dominica** sind unabhängige Staaten. Martinique ist ein Überseedépartement von Frankreich, Curaçao ein autonomer Landesteil der Niederlande.

 **Jordanien**, **Marokko** und der **Oman** sind Monarchien.
Jordanien und Marokko sind konstitutionelle Erbmonarchien. In beiden Ländern ist der König Staatsoberhaupt, Oberbefehlshaber der Streitkräfte und zugleich oberster Inhaber der Exekutive. Der Oman dagegen ist ein Sultanat in Form einer absoluten Monarchie. Staatsoberhaupt und Regierungschef ist der ohne Parlament herrschende Sultan; die Gesetzgebung erfolgt durch Dekrete des Monarchen.
Auch wenn für manchen der Begriff »Monarchie« einen etwas angestaubten Beiklang haben mag, als Staatsform scheint sie sich nicht nur in den arabischen Staaten bewährt zu haben – sieben der EU-Mitgliedsländer sind ebenfalls Monarchien!

 Das Kuckucksei ist die japanische Hauptstadt **Tokio**. Mit 35 Grad 40 Minuten nördlicher Breite liegt sie fast 5 Grad weiter südlich als die anderen. Peking, Madrid und Philadelphia liegen wie Ankara dagegen alle nahe oder auf dem 40. Breitengrad. Trotz gleicher geografischer Breite unterscheiden sich die Städte im Klima ganz erheblich. So liegen die mittleren Januartemperaturen in Madrid bei 5 °C, in Peking dagegen bei –5 °C; selbst im fast 20 Grad nördlicher gelegenen Stockholm ist es im Januar durchschnittlich nur –3 °C kalt.

| Pakistan | Tunesien |
|---|---|

| Türkei | Mauretanien |
|---|---|

**46** Streng genommen ist nur der **Blaue Nil** ein Quellfluss des Nils. Er entspringt im Tanasee im äthiopischen Hochland und vereinigt sich bei der sudanesischen Hauptstadt Khartum mit dem Weißen Nil zum Nil.
Albert-Nil und Victoria-Nil sind nur verschiedene Namen für den Oberlauf des Weißen Nils. Der Victoria-Nil ist ein Abfluss des Victoriasees, dessen größter Zufluss der Kagera oder Kagera-Nil ist. Dieser wiederum entsteht aus der Vereinigung von Ruvubu und Nyabarongo, die in Burundi bzw. in Ruanda entspringen und die eigentlichen Quellflüsse des Weißen Nils sind.

**47** Es ist die Quelle des **Mekong** im tibetischen Hochland, die erst 1995 von französischen und englischen Wissenschaftlern entdeckt wurde.

**48** Es sind, nach abnehmender Länge, die Flüsse NIL – AMAZONAS – JANGT-SEKIANG – MISSISSIPPI – HWANGHO – OB – AMUR – MEKONG – LENA – KONGO – NIGER – JENISSEI – PARANA – WOLGA

| M | V | A | N | I | L | L | E | T | S | T | A | A |
|---|---|---|---|---|---|---|---|---|---|---|---|---|
| M | O | B | L | O | E | E | H | A | K | C | O | M |
| T | G | E | I | T | C | S | N | K | C | R | I | U |
| H | N | U | L | E | H | O | S | A | D | S | Z | R |
| W | O | L | G | A | Z | K | G | I | S | A | S | D |
| A | K | U | O | A | J | N | A | I | N | U | N | T |
| N | E | X | M | G | O | D | S | R | M | E | D | O |
| G | N | A | I | K | E | S | T | G | N | A | J | W |
| H | O | S | E | M | I | I | E | A | I | R | R | A |
| O | S | M | E | P | D | S | R | G | G | E | U | L |
| P | N | L | P | A | R | A | N | A | R | D | E | L |
| M | V | I | S | S | A | B | O | L | R | X | S | B |

**49** **A** Amazonas, **B** Nil, **C** Niger, **D** Wolga, **E** Paraná, **F** Mississippi/Missouri, **G** Mekong, **H** Kongo.

**50** Der Staat **Nevada** wird von der Route 66 nicht gequert oder berührt. Wohl keine andere Straße der Welt weckt so viele Emotionen wie der Mythos Route 66, obwohl sie es offiziell überhaupt nicht mehr gibt – 1985 wurde sie von der Liste der Highways gestrichen. Heute weist nur noch gelegentlich ein verwitterter Wegweiser auf die einst viel befahrene Straße hin, die an den Ufern des Lake Michigan in Chicago, Illinois, beginnt und durch einige der landschaftlich schönsten Teile der USA über die Bundesstaaten Missouri, Arkansas, Oklahoma, Texas, New Mexico und Arizona ins kalifornische Santa Monica bei Los Angeles führt.

**51** **Papua-Neuguinea** hat keinen Anteil an der Insel Kalimantan. Der Staat Papua-Neuguinea umfasst neben einigen kleineren Inseln den Ostteil der Insel Neuguinea, der zweitgrößten Insel der Erde. Kalimantan ist der indonesische Name der gebirgigen Insel, die den meisten unter dem Namen Borneo vielleicht besser bekannt sein dürfte. Sie hat nur etwa zehn Millionen Einwohner. Der rund 550 000 km$^2$ große Südteil gehört zu Indonesien. Der größte Teil des Nordens wird von Sabah und Sarawak eingenommen, zwei insgesamt knapp 200 000 km$^2$ umfassende Bundesstaaten von Malaysia. Den kleinsten Anteil an Kalimantan hat das Sultanat Brunei, ebenfalls im Norden der Insel gelegen, mit einer Fläche von nur 5 765 km$^2$.

**52** Die kalte Meeresströmung vor der Ostküste Südamerikas ist der **Falklandstrom**. Wie der Humboldtstrom vor der südamerikanischen Westküste ist er eine Abzweigung des antarktischen Zirkumpolarstroms. Der Guyanastrom ist eine warme Meeresströmung an der Nordostküste Südamerikas.

**53** **Keine der genannten Sprachen** – alle vier sind in mindestens einem südamerikanischen Staat Amtssprachen. Unter dem Begriff Lateinamerika fasst man häufig alle Staaten Südamerikas und Mittelamerikas zusammen, doch streng genommen sind es nur jene, in denen eine romanische Sprache – Spanisch oder Portugiesisch – gesprochen wird. Dies ist in den meisten südamerikanischen Staaten auch der Fall, und so ist Portugiesisch die Amtssprache von Brasilien, Spanisch die in den übrigen Ländern, von zwei Ausnahmen jedoch abgesehen: In Guyana, bis 1966 britische Kolonie, ist Englisch die Amtssprache, und in dessen 1975 von den Niederlanden in die Unabhängigkeit entlassenen Nachbarstaat Surinam ist es Niederländisch. Bleibt noch nachzutragen, dass in dem französischen Übersee-Département Französisch-Guayana die Amtssprache natürlich Französisch ist.

**54** Das größte Land Afrikas mit einer Fläche von 2,382 Millionen km² ist **Algerien**, jedoch erst seit dem 9. Juli 2011, als der Südsudan als eigenständiger Staat vom Sudan unabhängig wurde.

Bis dahin hatte der Sudan seit seiner Unabhängigkeit 1956 mit 2,506 Millionen km² den ersten Platz der größten afrikanischen Staaten eingenommen. Durch die Unabhängigkeit von Südsudan büßte er jedoch 619 745 km² seines Staatsgebiets ein und fiel mit »nur noch« 1,886 Millionen km² auf den dritten Rang hinter die Demokratische Republik Kongo zurück, die mit 2,345 Millionen km² sechseinhalb mal so groß wie Deutschland ist. Man sollte die Demokratische Republik Kongo, das ehemalige Zaire und vorherige Belgisch-Kongo, aber keinesfalls mit der Republik Kongo, dem früheren Französisch-Kongo, verwechseln, das mit 342 000 km² nur gerade mal so groß ist wie Deutschland.

**55** Die Inselnatur Grönlands wurde erst im Jahr **1901** definitiv nachgewiesen. Grönland wurde 875 von dem aus Norwegen stammenden Wikinger Gunnbjørn entdeckt, und Erich der Rote gründete 986 an der Südwestküste die erste Siedlung. In der Mitte des 14. Jahrhunderts wurden die europäischen Siedlungen wegen sich verschlechternder Lebensbedingungen wieder aufgegeben. Anfang des 17. Jahrhunderts kam es zu einer erneuten Besiedlung durch Europäer. Aber erst der amerikanische Polarforscher Robert E. Peary stellte 1901 durch die Umfahrung der Nordküste Grönlands dessen Inselnatur sicher.

Apropos größte Insel: Würde die bis zu über 3 000 Meter dicke Eisschicht schmelzen, wäre das heute 2 175 600 km² große Grönland vermutlich nur noch eine Ansammlung von einigen größeren und mehreren kleineren Inseln und müsste seinen ersten Platz an Neuguinea abtreten.

**56** Die indonesische Hauptstadt **Jakarta** und die ägyptische Hauptstadt **Kairo** sind auch jeweils die größten Städte ihrer Länder.

Lagos ist die größte Stadt Nigerias, den Namen der Hauptstadt Abuja kennen vermutlich nur Insider. Ob Brasília, die Hauptstadt Brasiliens, bekannter ist als die größte Stadt São Paulo, ist schwer zu sagen; Rio de Janeiro läuft in puncto Bekanntheit beiden den Rang ab. Die größten Städte Kanadas und Australiens sind Toronto und Sydney, ihre Hauptstädte sind jedoch Canberra bzw. Ottawa.

**57** Wenn man in Ost-West-Richtung reist, gelangt man beim Überschreiten der Datumsgrenze in den **nächsten Kalendertag**, muss die Uhr also um 24 Stunden vorstellen. Bei einer West-Ost-Reise ist es gerade umgekehrt; man muss die Uhr um 24 Stunden zurückstellen und kommt dadurch in den vorangegangenen Kalendertag.

**Riverside** ist kein Stadtbezirk von New York.
Riverside ist vielmehr ein kleinerer Kurort (290 000 Einwohner) in Kalifornien und Teil der städtischen Agglomeration Los Angeles-Riverside-Orange County, der Metropolitan Area von Los Angeles, zu der unter anderem auch so bekannte Städte wie Pasadena, Malibu, Santa Monica und Beverly Hills gehören.
Bronx, Queens und Richmond sind drei der fünf Bezirke des Stadtgebiets von New York, von denen jeder einem County des Staates New York entspricht. Bronx ist ein Stadtteil im Norden von Manhattan, Queens liegt im Osten und Richmond, das Staten Island umfasst, im Südwesten. Brooklyn oder Kings County im Südosten Manhattans ist der vierte Stadtbezirk New Yorks. Manhattan als County heißt – wie könnte es anders sein – New York County.

 **1b** und **1c**, **2a**, **3b** und **3c**.
Ketschua, die einstige Verwaltungssprache des Inkareichs, und Aimara sind die wichtigsten indigenen Sprachen der Hochlandindianer, die zusammen von etwa jeweils der Hälfte der Bevölkerung in Peru und Bolivien gesprochen werden und in beiden Ländern Amtssprachen sind.
Guaraní ist die Sprache der gleichnamigen indianischen Volksgruppe in Paraguay. Es ist die vorherrschende Umgangssprache auf dem Land, während Spanisch als Verwaltungssprache hauptsächlich in den Städten gesprochen wird.

 **A** Bolivien, **B** Peru, **C** Kolumbien,
**D** Venezuela.
Wie aus dem nebenstehenden Kärtchen ersichtlich ist, grenzt Bolivien an Peru, Peru an Kolumbien und Kolumbien an Venezuela.

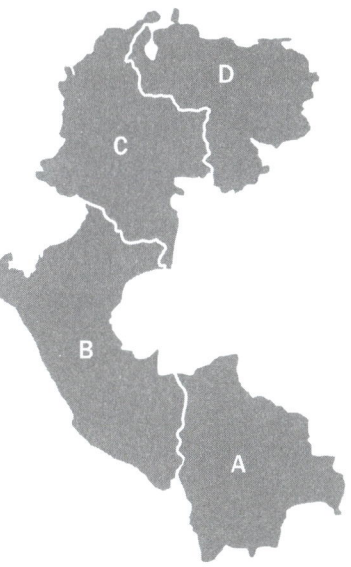

 Der Orinoco ist Teil der Grenze zwischen **Kolumbien und Venezuela**, und zwar in dem im Wesentlichen Nord–Süd verlaufenden Abschnitt südwestlich von Punkt D in dem Kärtchen rechts.
Die Grenze zwischen Argentinien und Uruguay bildet der Río Uruguay. Grenzflüsse zwischen Paraguay und Brasilien sind der Paraná im Südwesten und der Río Paraguay, ein Nebenfluss des Paraná, im Nordwesten Paraguays.

123

Es wird häufig angenommen, dass das Kap der Guten Hoffnung, ein Felsvorsprung am westlichen Südende der Kaphalbinsel, die Südspitze von Afrika sei. Doch dem ist nicht so: Der südlichste Punkt des Schwarzen Kontinents ist das 150 km östlich und 50 km südlich davon gelegene **Kap Agulhas** oder Nadelkap.

Das Goldene Horn ist eine rund 6 km lange Meeresbucht am südwestlichen Ende des Bosporus. Der südlichste Punkt Südamerikas, Kap Hoorn, liegt auf einer Insel des Feuerlandarchipels; die Südspitze des südamerikanischen Festlands auf der Península de Brunswick in Chile ist das rund 150 km weiter im Norden gelegene Kap Froward. Die Somalihalbinsel, ein keilförmiger Landvorsprung im Osten Afrikas, wird Horn von Afrika genannt.

 **1b**, **2a**, **3c**.

Die rund 350 000 km² große Karakum ist eine Sandwüste, die mehr als zwei Drittel von Turkmenistan bedeckt. Ungefähr ebenso groß ist die Atacama im Norden Chiles, die als die trockenste Wüste der Erde gilt. Die 165 000 km² große Wüste Lut im Osten Irans ist vermutlich die heißeste und lebensfeindlichste Wüste der Erde.

 **Victoria-Insel und Franz-Josef-Land**.

Die Victoria-Insel im Nordpolarmeer ist die zweitgrößte Insel Kanadas. Das Franz-Josef-Land ist eine ebenfalls im Nordpolarmeer gelegene Inselgruppe und gehört zu Russland.

Rockefeller-Plateau, Prinzregent-Luitpold-Küste, Prinz-Albert-Berge und Mühlig-Hofmann-Gebirge liegen in der Antarktis, wobei Letzteres während einer deutschen Expedition 1938/39 nach dem damaligen Abteilungsleiter im Reichsluftfahrtministerium, Albert Mühlig-Hofmann, benannt wurde.

 Die Abweichler sind **Nepal**, die **Schweiz** und der Staat **Vatikanstadt**.

Nepal          Schweiz          Vatikanstadt

 Die Inselkette zwischen der Halbinsel Alaska – unter der nur der südwestliche Zipfel des amerikanischen Bundesstaats Alaska zu verstehen ist – und der sibirischen Halbinsel Kamtschatka sind die **Aleuten**.

Die Kurilen sind der Archipel zwischen Kamtschatka und Japan. Die Nikobaren sind eine Inselgruppe im Indischen Ozean, die Marianen liegen im westlichen Pazifik.

**67** Das größte Land der Erde ist **Russland**.

Auch wenn einige der Nachfolgestaaten der Sowjetunion deutlich größer sind als Deutschland (Kasachstan ist mit einer Fläche von 2,72 Millionen km² das neuntgrößte Land der Erde und rund siebeneinhalb mal so groß wie Deutschland), haben sie – Russland nicht eingerechnet – zusammen nur eine Fläche von etwa 24 % der Fläche der ehemaligen Sowjetunion. Die restlichen 76 % entfallen auf Russland, das mit 17,1 Millionen km² mit weitem Abstand das größte Land der Erde ist. Kanada an zweiter Stelle ist mit 9,96 Millionen km² nur wenig mehr als halb so groß. China hat eine Fläche von 9,57 Millionen km² und liegt hinter den Vereinigten Staaten an vierter Stelle. Brasilien ist mit 8,55 Millionen km² das fünftgrößte Land der Erde.

**68**  **Hauptstadt** und **Regierungssitz** ist Pretoria, **Parlamentssitz** dagegen Kapstadt. Das **wirtschaftliche Zentrum** ist Johannesburg.

Die Hauptstadt bzw. der Regierungssitz Pretoria liegt im Norden des Landes und hat knapp 1,9 Millionen Einwohner, Vororte nicht eingerechnet. Die Stadt wurde 1855 gegründet und nach dem Burenführer Andries Pretorius benannt. Das Parlament hat seinen Sitz überraschenderweise nicht in der Hauptstadt, sondern in Kapstadt. Die 1652 gegründete Stadt liegt nahe dem Kap der Guten Hoffnung im Südwesten des Landes und hat etwa 3,5 Millionen Einwohner. Johannesburg, rund 70 km südlich von Pretoria und 1 750 m über dem Meeresspiegel gelegen, ist mit 3,9 Millionen Einwohnern die größte Stadt und das Handels- und Industriezentrum des Landes. Übrigens: 2005 wurde Pretoria in Tshwane umbenannt, doch hat sich dieser neue Name international noch nicht so recht durchgesetzt.

**69**  **A** Jemen, **B** Syrien, **C** Irak, **D** Ägypten.

**70**  Der **Hwangho** wird auch der Gelbe Fluss genannt. Er ist mit 4 845 km der zweitlängste Fluss Chinas und mündet ins Gelbe Meer.

Der 6 380 km lange Jangtsekiang (»Langer Fluss«) mündet ins Ostchinesische Meer, der mit 2 200 km drittlängste Fluss Chinas, der Xi Jiang (»Westfluss«), mündet ins Südchinesische Meer

**71**  K2 und Gasherbrum II liegen nicht im Himalaja, sondern im pakistanisch-chinesischen Grenzgebiet im Karakorum, einem Gebirge im indischen und pakistanischen Teil von Kaschmir. Der 8 611 m hohe K2 ist der zweithöchste Berg der Erde, der 8 034 m hohe Gasherbrum II hat Rang 13 inne.

Der Kangchendzönga (8 586 m, Rang 3), der Lhotse (8 516 m, Rang 4), der Nanga Parbat (8 125 m, Rang 9) und der Annapurna I (8 091 m, Rang 10) liegen dagegen im Himalaja.

Der **Kermadecgraben** (10047 m) und der **Kurilen-Kamtschatka-Graben** (10542 m) erreichen jeweils Tiefen von mehr als 10000 m.
Der Kurilen-Kamtschatka-Graben erstreckt sich östlich der Kurilen von der Kamtschatka-Halbinsel im Norden bis in die Breite der japanischen Insel Hokkaidō im Süden. Der Kermadecgraben liegt nördlich von Neuseeland und ist die südliche Fortsetzung des Tongagrabens.
Der Sundagraben vor der Südküste der indonesischen Insel Java und der Atacamagraben vor der Westküste von Chile haben bei 7455 m bzw. 8066 m ihre tiefsten Stellen.

 Der **Tanganjikasee** im östlichen Zentralafrika ist mit 32900 km$^2$ der zweitgrößte See Afrikas und nach Tiefe und Wasservolumen nach dem Baikalsee auch der zweitgrößte der Erde.
Der Malawisee hat eine Fläche von 29600 km$^2$, der Albertsee von 5350 km$^2$. Die Größe des Tschadsee konnte in den 1980er-Jahren – je nach Regenfällen – mehr als 20000 km$^2$ betragen; inzwischen ist er am Austrocknen und misst heute nur noch 1500 km$^2$. Der Eyresee und der Große Sklavensee liegen nicht in Afrika, sondern in Australien bzw. in Kanada. Der größte See Afrikas ist übrigens der Victoriasee.

 **Indonesien** wird gemeinhin nicht zu Ozeanien gezählt, wenngleich es Anteil an der Insel Neuguinea hat, die Teil Melanesiens und somit Ozeaniens ist. Melanesien umfasst die Inselwelt zwischen Neuguinea im Westen, Fidschi im Osten, den Salomoninseln im Norden und Neukaledonien im Süden. Nördlich von Melanesien liegt Mikronesien mit den Marshallinseln, den Karolinen und den Marianen. Die sich von Hawaii im Norden über die Osterinsel im Osten bis Neuseeland erstreckenden Inseln östlich von Melanesien und Mikronesien werden Polynesien genannt.

 **Sklavenküste** Togo, Benin und Westnigeria, **Pfefferküste** Liberia, **Goldküste** Ghana.
Ihre Namen erhielten die Küstenabschnitte von den vorwiegend dort gehandelten Waren und Produkten. Zu diesen zählten neben Gewürzen und Gold in der damaligen Zeit auch Sklaven und Elfenbein, sodass es auch einen als Elfenbeinküste bezeichneten Küstenabschnitt gab. Aus diesem und dem Hinterland ist der heutige Staat gleichen Namens hervorgegangen.